光文社知恵の森文庫

山折哲雄　監修

日本人なら知っておきたい 道元と曹洞宗

教義と宗派の歴史がスッキリわかる

『あなたの知らない道元と曹洞宗』改題

光文社

本書は『あなたの知らない道元と曹洞宗』（2013年洋泉社歴史新書）を加筆・修正し、文庫化したものです。

はじめに――日本仏教史と曹洞宗

山折哲雄

曹洞宗《そうとうしゅう》の全体像を浮かび上がらせる方法として、三つの視点を押さえておきたい。

①曹洞宗が宗教活動の根本を「坐《ざ》して瞑想《めいそう》すること」におき、それを通して日本人の生活様式に禅の思想を融《と》けこませようとした。

②中国での修行で会得した道元《どうげん》（一二〇〇～五三）の禅と、それを大衆のあいだに広めた瑩山《けいざん》（一二六四～一三二五）、峨山《がさん》（一二七六～一三六六）らによる禅――その二つの流れが、相互に競い合って今日の大教団をつくりあげた。

③道元の禅思想が後の時代の能楽、茶の湯、水墨画などに大きな刺激を与え、禅文化という独自のジャンルを生みだすことにつながった。

①についていえば、そもそもブッダは菩提樹《ぼだいじゅ》の下に坐《すわ》って悟りを開いたといわれる。その姿勢を正し、呼吸をととのえて瞑想を深め、自己の内面をみきわめようとした。その伝統は中国に伝えられ、道元はその中国に留学し、天童山《てんどうざん》（現在の中国浙江《せっこう》省寧波《ニンポー》）

の如浄《にょじょう》（一一六二～一二二八）について悟ることができた。そのとき道元は、仏法の真髄はただ坐ることにある、という自覚を得ている。

それを「只管打坐《しかんたざ》」といい、ブッダの仏法もダルマの仏法も、そして如浄と自分の仏法も全く同一の仏法であると考えた。

その点で道元は、インド、中国、日本に一貫する、唯一の正統的な仏法を追究しようとした最初の日本人であったということができるだろう。しかし、このような道元の考え方は、一般大衆のあいだにそのままの形では受け入れられるものではなかった。

②の視点からいえば、道元は日本に帰ってから永平寺《えいへいじ》（福井県吉田郡永平寺町）を修行の根本道場にしたが、その弟子たちのあいだから新しい民衆伝道の芽が育っていく。坐禅による身心の陶冶《とうや》とともに、伝統的な祖先信仰や死者供養、さらには現世《げんぜ》利《り》益《やく》のためのご祈禱《きとう》もとり入れて、大衆の悩みや欲求に応えようとしたのである。

その新しい運動を担ったのが、道元門下の瑩山紹瑾《じょうきん》やその弟子の峨山韶碩《じょうせき》などだった。彼らはいずれも京都の文化圏からは離れた北陸の出身者であり、土着の生活文化を身につけていた。道元の教えが地方に広がる過程で登場してきた新興勢力のリーダーだったといっていいだろう。

彼らの活動地域はやがて能登《のと》半島に及び、ついに總持寺《そうじじ》（石川県輪島市門前町）という新しい拠点をつくる。そこは都からすれば辺境の地であったが、日本海を舞台に活動する北前船《きたまえぶね》交易の要《かなめ》の位置にあり、経済的にも繁栄した。道元直伝《じきでん》の「永平寺文化圏」にたいして、新興土着の「總持寺文化圏」が形成されることになった。

この能登の總持寺は明治期になって焼失し、その本体は関東の鶴見《つるみ》（横浜市鶴見区）に移転することになったが、今日なお總持寺祖院《そうじじそいん》として維持され、昔日の面影をのこしている。曹洞宗教団が民衆のあいだに根を生やし、今日の宗勢をなした歴史的背景として記憶にとどめておくべきことではないだろうか。

③の視点であるが、道元にはじまる禅の思想は十五～十六世紀にいたって大きな展開をとげ、代表的日本人の美意識に重要な影響を与えることになった。能楽の世阿弥《ぜあみ》、茶の湯の千利休《せんのりきゅう》、水墨画の雪舟《せっしゅう》である。世阿弥は奈良の禅宗寺院で出家しているし、千利休のいう「わび」「さび」の茶の湯の作法は、道元が切り開いた世界と通じている。雪舟の場合は、すでに本人が禅僧としての修行を積んでいた。もちろんここでい

う禅思想や禅文化には、曹洞系のほかに臨済《りんざい》禅や黄檗《おうばく》禅も流入していたが、しかしそのなかで道元の存在は、その主著『正法眼蔵《しょうぼうげんぞう》』の影響力とともにきわ立っていた。

もう一つ、さきの永平寺、總持寺に発する禅仏教の展開は、近代になって、北陸の地に西田幾多郎《にしだきたろう》や鈴木大拙《すずきだいせつ》のような思想家が誕生する土壌をつくったのではないだろうか。西田幾多郎は日常的な坐禅を通してその哲学的な思索を深め、鈴木大拙は道元の研究をすすめるとともに、禅思想をひろく世界に伝えることに貢献したのである。

今日、欧米の各地ではそれぞれ禅センターがつくられ、多くの入門者や修行者を集めているが、曹洞宗の活動は臨済宗とともに新しい段階に入っているのである。

国内では、放浪・行乞《ぎょうこつ》の禅僧として知られる種田山頭火《たねださんとうか》が、その独自の境地をあらわす俳句によって多くの読者を獲得している。道元も『正法眼蔵』のような難解な書物を著すとともに、「春は花　夏ほととぎす　秋は月　冬雪さえて　涼しかりけり」のような和歌をつくって、禅の世界をわかりやすい形で表現しようとした。一方で、禅の本質は言葉では表現できない（教外別伝《きょうげべつでん》・不立文字《ふりゅうもんじ》）と説きつつ、他方で『正法眼蔵』のような難解な書物を著し、詩歌や書の世界に遊んでもいたのである。

日本人なら知っておきたい道元と曹洞宗◉目次

はじめに――日本仏教史と曹洞宗　山折哲雄　3

第1章　「道元」「瑩山」の生涯と教え

早わかり曹洞宗❶　曹洞宗の両祖――高祖・道元と太祖・瑩山　16

◎禅宗とは?
Q1　日本には禅宗が三宗派ある?――18
Q2　最初に中国で禅宗を学んだ日本の僧は?――20
Q3　日本の禅宗の始まりは?――22

◎高祖・道元
Q4　道元の父は天皇の後胤ってホント?　なぜ出家したの?――24

Q5 道元が臨済宗の栄西に学んだってホント!?——28
Q6 道元はどんなルートで宋に渡ったの?——30
Q7 道元が正師と仰いだ如浄とは?——32
Q8 道元がさとりを得たときの様子を教えて?——34
Q9 道元は帰国後、なぜ『普勧坐禅儀』を書いたの?——36
Q10 いつ頃から弟子が増え出したの?——38
Q11 道元の大著『正法眼蔵』には何が書かれているの?——40
Q12 永平寺は、いつできたの?——42
Q13 道元の一番弟子、懐奘ってどんな人?——44
Q14 道元の弟子の中国僧、寂円ってどんな人?——46
Q15 道元はなぜ、鎌倉幕府執権の寄進を断って越前に帰ったの?——48
Q16 道元の最期の言葉とは?——50

◎太祖・瑩山

Q17 瑩山の祖母は道元の弟子だった!?——54
Q18 瑩山は誰に師事したの?——56
Q19 瑩山がさとりを開いたのはいつ?——58

Q20 永平寺三代をめぐる「三代相論」って何？――60
Q21 瑩山が總持寺を開いたのは、いつ？――64
Q22 瑩山のもとで曹洞宗教団が大発展した理由は？――66
もっと知りたい曹洞宗① 本当の禅を思い知らされた中国の老典座との出会い 68

第2章 身近な曹洞宗とその特徴

早わかり曹洞宗❷ 檀信徒の基礎知識 70

◎本尊とお経

Q1 曹洞宗では本尊として諸仏諸尊をまつるのは、なぜ？――72
Q2 曹洞宗がよりどころとするお経は？――74
Q3 『修証義』や『般若心経』には何が書かれているの？――76

◎諸尊

Q4 「だるまさん」が禅宗の祖師ってホント？――78
Q5 十六羅漢や五百羅漢などをまつるのは、なぜ？――80

Q6 曹洞宗の三大祈禱寺の由来を教えて?——82

◎寺院

Q7 禅宗の七堂伽藍って何?——86

◎禅修行

Q8 「三黙道場」って、どういう意味?——88
Q9 修行僧(雲水)は日常のすべてが修行?——90
Q10 修行僧の毎月の行持(行事)を教えて?——94
Q11 修行中、時間などはどうやって知らせるのか?——96

◎坐禅の作法

Q12 曹洞宗の坐禅は壁に向かって坐る?——98
Q13 坐禅会での作法と用語を教えて?——100

◎精進料理

Q14 僧堂での食事の作法や典座について教えて?——104

◎仏壇とおつとめ

Q15 曹洞宗の仏壇のまつり方について教えて?——106

Q16 おつとめの仕方、数珠の作法を教えて?——108

◎葬儀・法事・お墓

Q17 曹洞宗の焼香の作法を教えて?——110
Q18 曹洞宗の戒名について教えて?——112
Q19 檀信徒の葬儀形式は禅宗に始まるってホント?——114
Q20 法事にはどんな意味があるの?——116
Q21 なぜ、お墓に卒塔婆を立てるの?——118

◎年中行事

Q22 施食会は何を供養する行事なの?——120
Q23 曹洞宗のお寺の年中行事について教えて?——122

もっと知りたい曹洞宗② 曹洞宗の袈裟には道元の思いが込められている! 124

第3章 日本史の中の曹洞宗

早わかり曹洞宗❸ 瑩山以降の曹洞宗史 126

◎鎌倉〜室町時代

Q1 瑩山の二大弟子といわれるのは?――128
Q2 明峰の弟子「十二門派」の活躍とは?――130
Q3 峨山の弟子「二十五哲」の活躍とは?――132
Q4 鎌倉五山・京都五山に、曹洞宗は関わっているの?――134

◎戦国・安土桃山時代

Q5 龍穏寺には江戸城を築城した太田道灌のお墓がある!?――136
Q6 永平寺と總持寺が二大本山として並び立つようになった経緯は?――138
Q7 越前朝倉氏が永平寺を庇護し監視もしていた!?――140
Q8 總持寺祖院の山門は、前田利家の妻の願いで建立された!?――142

◎江戸時代

Q9 永平寺は福井藩主・松平氏の庇護により復興できた!?――144

Q10 「寺院諸法度」のモデルは曹洞宗だった⁉――146
Q11 「関三刹」って何？――148
Q12 「江戸三箇寺」「関府六箇寺」って何？――152
Q13 「仁王禅」を説いた鈴木正三は家康の直参の家臣⁉――154
Q14 赤穂義士のお墓が泉岳寺にあるのは、なぜ？――156
Q15 古規復古・宗統復古に努めた月舟宗胡と卍山道白ってどんな人？――158
Q16 宗学を大成させた面山瑞方とは？――160
Q17 黄門さまに助けられ、日本に篆刻を伝えた中国の文人僧とは？――162
Q18 良寛ってどんな人だったの？――164
Q19 江戸時代の曹洞宗には個性的な禅僧がたくさんいた⁉――166

◎明治時代以降

Q20 明治～昭和を代表する名僧、澤木興道について教えて？――168
Q21 百八歳の天寿を全うした永平寺前貫首・宮崎奕保って、どんな人？――172
Q22 曹洞宗に関係する学校を教えて？――174
Q23 曹洞宗の組織はどうなっているの？専門僧堂や一般の参禅施設はどこにあるの？――176

もっと知りたい曹洞宗③　乞食行を続けながら句を詠んだ大正～昭和の俳人・種田山頭火　178

資料編　日本人なら知っておきたい道元と曹洞宗　179

曹洞宗略年表　180／禅宗の略系譜（インド・中国）　182／日本曹洞宗の略系譜　184

道元・瑩山ゆかりの北陸名刹図　185／大本山永平寺の歴代貫首一覧　186

大本山總持寺の歴代貫首一覧　188／曹洞宗の専門僧堂一覧　189

【参考文献】　190

執筆者／拓人社（小松卓郎、小松幸枝）
編集協力／中野東禅（曹洞宗総合研究センター教化研修部門元講師。京都市・竜宝寺前住職。現在、可睡斎僧堂西堂）
コーエン企画（江渕眞人）
DTP・図版作成／アミークス（桜井勝志）

第1章

「道元」「瑩山」の生涯と教え

第1章

早わかり曹洞宗❶

曹洞宗の両祖——高祖・道元と太祖・瑩山

曹洞宗《そうとうしゅう》では他の宗派でいう宗祖を、「両祖《りょうそ》」といって二人立てている。

一人は、中国・宋《そう》へ渡り、日本に曹洞宗を伝えた道元《どうげん》（一二〇〇～五三）である。中国禅宗の五家七宗《ごけしちしゅう》の一つである曹洞宗の高僧・如浄《にょじょう》に師事、印可《いんか》（弟子がさとりを開いたことを師僧が認めた証《あかし》）を得て帰国し、永平寺《えいへいじ》に代表される禅の専修道場を建てた。

もう一人は、曹洞宗を教団として確立させた瑩山《けいざん》（一二六四～一三二五）である。

道元が生きたのは、今から八百年ほど前の鎌倉時代前期である。およそ四百年続いた平安時代だが、その末期になると政治は腐敗し、乱世となった。さらに飢《き》饉《きん》に見舞われて、人々は「末法《まっぽう》」の世が到来したとして恐れおののいた。そんな時代に登場したのが、法然《ほうねん》（浄土宗）、親鸞《しんらん》（浄土真宗）、栄西《えいさい》《ようさい》（臨済宗《りんざいしゅう》）、道元（曹洞宗）、日蓮《にちれん》（日蓮宗）ら、鎌倉仏教の担い手たちだ。

彼らは皆、比叡山《ひえいざん》に学び、万民救済を目的とした誰にでもわかる仏教を説いたため、民衆の心をつかむのに時間はかからなかった。

道元は比叡山での修行時代、「すべての生き物には仏性《ぶっしょう》（本来持つ仏としての性質）があるというのに、なぜ人は仏になるために修行するのか」という疑問にぶつかった。それに答えてくれる僧はおらず、道元は比叡山をおりて栄西の門を叩いた。そして宋に渡り、さとりを得たのである。道元は、坐禅こそ、さとりの証であるとして、只管打坐《しかんたざ》（ただひたすら全身全霊で坐《すわ》ること）をすすめた。

瑩山は、道元からかぞえて四代目にあたる。瑩山が生きたのは鎌倉時代後期にかけてである。二度の元寇《げんこう》（一二七四年と一二八一年）以降、北条氏《ほうじょう》の率いる鎌倉幕府は専制政治によって支配力は強まったが、反面、没落する御家人《ごけにん》が悪党《あくとう》化するなど社会不安を招いていた。そんな中で多くの優秀な弟子を育て、下級武士や商人、農民など広く民衆に曹洞宗の教えを展開させたのが瑩山である。

曹洞宗では、日本に曹洞宗の教えを体系づけた道元を法灯《ほうとう》（宗旨）の祖として「高祖《こうそ》」、今日の大教団の礎を築いた瑩山を寺統《じとう》（教団）の祖として「太祖《たいそ》」と呼んでいる。

Q1 日本には禅宗が三宗派ある？

「禅宗」とは、坐禅を修行の根本とする宗派の総称である。日本の禅宗のおもな宗派は、臨済宗《りんざいしゅう》、曹洞宗、黄檗宗《おうばくしゅう》の三宗派。これらはすべて中国を発祥としている。

臨済宗は、平安時代が終わりを告げる建久《けんきゅう》二年（一一九一）に栄西《えいさい》（一一四一～一二一五）が中国・宋《そう》から伝えた。臨済宗の禅は、坐禅をして公案《こうあん》（祖師の言葉や言動を基にした課題）を考え、師僧と、いわゆる禅問答を繰り返し、さとりを開く「看《かん》話禅《なぜん》」である。栄西は、新政権である鎌倉幕府の帰依《きえ》を得て、京都に建仁寺《けんにんじ》を建立した。その後、中国から禅僧を招いて鎌倉に建長寺《けんちょうじ》や円覚寺《えんがくじ》などを建立し、臨済宗は隆盛した。現在、臨済宗は十四派に分かれている。

曹洞宗は、鎌倉時代前期の安貞《あんてい》元年（一二二七）に道元が宋から伝えた。曹洞宗の禅は、坐禅こそが仏の実現であるとして、ただ黙々と坐《すわ》る「黙照禅《もくしょうぜん》」である。

道元は、権力に頼らず、都会を離れて越前《えちぜん》（福井県北部）の山深い自然の中に禅道場となる永平寺《えいへいじ》を建立し、禅修行に徹した。道元示寂《じじゃく》（死去）後、鎌倉時代後期に曹洞宗のもう一人の祖師である瑩山《けいざん》（一二六四〜一三二五）が登場し、民間信仰を取り入れるなどして民衆の支持を得た。

臨済宗は幕府の帰依を受けて上級武士にひろまり、曹洞宗は下級武士や民衆にひろまったことから「臨済将軍、曹洞土民」といわれた。

黄檗宗は、時代がくだって江戸時代前期の承応《じようおう》三年（一六五四）に中国・明《みん》から招かれた隠元《いんげん》（一五九二〜一六七三）によって伝えられた。隠元は中国臨済宗の法灯を嗣《つ》ぐ高僧だ。明時代の中国臨済宗は、浄土信仰（念仏）を取り入れ、隆盛していた。隠元はそうした新しい禅や仏教儀礼を日本に伝え、大反響を呼んだ。だが隠元の新しい禅は、宋時代の純粋な禅を守る日本の臨済宗には受け入れられず、萬福寺《まんぷくじ》（京都府宇治市）を建立し、独自に黄檗宗として一宗派を興《おこ》した。

隠元は、普茶《ふちゃ》料理（中国風の精進料理）をはじめ、寺院建築、仏像彫刻、煎茶道《せんちゃどう》など、さまざまな最新の明文化を伝えたことでも知られている。

Q2 最初に中国で禅宗を学んだ日本の僧は？

日本に初めて禅を伝えたのは、道昭《どうしょう》（六二九〜七〇〇）といわれる。道昭は、大化《たいか》の改新《かいしん》から八年後の六五三年に遣唐使として入唐《にっとう》し、『西遊記《さいゆうき》』で知られる玄奘三蔵《げんじょうさんぞう》に師事して法相宗《ほっそうしゅう》を修めた。その後、玄奘のすすめで、中国禅宗第二祖の慧可《えか》の孫弟子にあたる慧満《えまん》のもとで禅を学んだ。六六〇年頃に帰国した道昭は、飛鳥寺《あすかでら》（法興寺《ほうこうじ》または元興寺《がんごうじ》とも呼ばれる）の境内に禅院を建て、そこで坐禅に没頭したといわれる。

道昭が日本に禅を伝えたのちは、最澄《さいちょう》（七六七〜八二二）が入唐して学んできた円（円教《えんぎょう》＝法華経《ほけきょう》）・密（密教《みっきょう》）・禅（禅宗）・戒（戒律《かいりつ》）の四宗を最澄自身が融合して天台宗を開いた。最澄が唐で学んだ禅は、曹洞宗や臨済宗とは別の流れである「北宗禅《ほくしゅうぜん》」だった。ちなみに天台宗の坐禅は「止観《しかん》」と呼ばれる。

中国の禅宗は、六世紀初めにインドから禅の教えを伝えた達磨《だるま》を祖師としている。以降、第五祖の弘忍《こうにん》まで達磨の教えは師僧から弟子へ正確に伝えられた。そして、弘忍の門下から神秀《じんしゅう》と慧能《えのう》という弟子が出た。神秀は洛陽《らくよう》や長安《ちょうあん》といった大都市で禅をひろめ、「北宗禅」と呼ばれた。慧能は、元は弘忍のいた黄梅山《おうばいさん》の米つき男だったが、弘忍の法灯を嗣《つ》いで江西《こうせい》や湖南《こなん》の山岳で禅修行し、「南宗禅《なんしゅうぜん》」と呼ばれた。神秀は弟子に恵まれず衰退し、慧能は優れた弟子を多数輩出した。そのため現在の禅宗宗派は、すべて慧能を第六祖とする南宗禅の系統である。

慧能の弟子たちはそれぞれ独立して一派を興し、「五家七宗《ごけしちしゅう》」といわれるように多数の禅宗宗派が成立していく（182ページ参照）。それらは断片的に日本に伝わった。

道昭や最澄のほかにも奈良時代から平安時代にかけて禅を取り入れた僧はいるが、いずれも禅を仏道修行の一つ、あるいは仏教教学の一つとして取り入れただけで、禅宗を一宗派として独立させた者はいなかった。また、中国では禅宗が多様化していたことから、日本でもそれぞれが伝えた禅宗に違いがあり、一つの宗派を興すまでには至らなかったようだ。

Q3 日本の禅宗の始まりは？

日本で禅宗を初めて打ち出したのは、平安時代末期に日本達磨宗《にほんだるましゅう》を開いた能忍《のうにん》（生没年不詳）だといわれる。比叡山《ひえいざん》で修行した天台僧の能忍は、文献によって独学で禅を学び、さとりを開いた。そして摂津国《せっつのくに》水田《すいた》（大阪府吹田《すいた》市）に禅道場として三宝寺《さんぽうじ》を建立し、日本達磨宗を開いた。

しかし、禅宗では師資相承《ししそうじょう》（師僧から弟子へ法灯を代々伝えること）が重視される。師僧を持たない能忍の禅はまがいものではないかと他宗派から非難された。そのため能忍は、二人の弟子を中国・宋《そう》に派遣。阿育王山広利寺《あいくおうざんこうりじ》の臨済宗の高僧・拙庵徳光《せったんとくこう》のもとに自身のさとりを文書にして打ち明けた。徳光は、禅宗が公認されていない日本での能忍の努力に同情して印可《いんか》（弟子がさとりを開いたことを師僧が認めた証《あかし》）を与えた。これにより正統を嗣《つ》ぐ禅僧として能忍の名声は一気に高まった。ただ、三宝寺は禅宗と密教の兼修《けんしゅう》の寺院だったともいわれる。

日本達磨宗の開宗と同時期に栄西が宋から臨済宗を伝え、九州を中心に布教を始めた。ところが、日本達磨宗や臨済宗の禅宗が盛んになったことから、比叡山や奈良の興福寺《こうふくじ》など旧仏教から排斥運動を受け、建久《けんきゅう》五年（一一九四）に朝廷から禅の布教停止が命ぜられた。

それでも栄西は翌年（一一九五）、筑前国《ちくぜんのくに》博多（福岡市）に聖福寺《しょうふくじ》を建立。そして『興禅護国論《こうぜんごこくろん》』を著し、「禅宗は最澄《さいちょう》が伝えた仏教と同じ国家鎮護《ちんご》の教えである」と説いた。聖福寺は元久《げんきゅう》元年（一二〇四）、後鳥羽院《ごとばいん》から日本最初の禅宗寺院であることを意味する「扶桑最初禅窟《ふそうさいしょぜんくつ》」の称号を与えられている。

その後、栄西は幕府の帰依《きえ》を得て京都に建仁寺《けんにんじ》を建立。旧仏教との調和を図るために禅宗・天台教学（円教《えんぎょう》）・密教の三宗兼学の寺院とした。

純粋に禅宗のみを学ぶ「専修禅《せんしゅうぜん》」の宗派を開いたのは、道元の曹洞宗が最初である。天福《てんぷく》元年（一二三三）に京都に興聖寺《こうしょうじ》（現在は宇治市に移転）を建立して、本格的に布教を開始。能忍没後に衰退した日本達磨宗の高僧たちも曹洞宗に参入した。

Q4 道元の父は天皇の後胤ってホント？ なぜ出家したの？

高祖・道元

道元は自身の出自についてほとんど語っていない。現在通説になっている道元の出自は、永平寺十四世の建撕《けんぜい》が室町時代に著した道元のくわしい伝記『永平開山行状《えいへいかいさんぎょうじょう》建撕記《けんぜいき》』（『建撕記』）によるところが大きい。ただ、近年になって異説も出ている。

道元は、貴族から武士の世となった鎌倉時代草創期の正治《しょうじ》二年（一二〇〇）一月二十六日に京都で生まれた。通説によると、父は久我通親《こがみちちか》、母は伊子《いし》、両親ともに名門の出である。

父通親は、村上天皇から分かれた村上源氏を継ぐ当主であり、後鳥羽院《ごとばいん》に仕える内大臣として天皇家を守っていた。

母伊子は、藤原一族で前関白の松殿《まつどの》（藤原《ふじわら》）基房《もとふさ》の三女である。基房の異母弟は九《く》条《じょう》家の祖となる九条兼実《かねざね》である。伊子は木曽義仲《きそよしなか》に嫁ぎ、義仲没後に通親の側室となり、道元が生まれた。伊子の二度の結婚は、基房の権勢復活のための政略によるものであった。道元は三歳で父通親と、八歳で母伊子と死別している。その後、異母兄の久我通具《みちとも》が道元の教育係を務めたとされる。

近年の研究では、この通具が道元の父であり、母は不明ともされるが、いずれにしても天皇家の血を引いているのは間違いなさそうだ。

道元は幼い頃から貴族の子弟としての教育を受けていた。永平寺二世の懐奘《えじょう》が著した道元の言行録『正法眼蔵随聞記《しょうぼうげんぞうずいもんき》』によると、道元は幼くして『前漢書《ぜんかんじょ》』『後漢書《ごかんじょ》』『史記《しき》』などの中国の歴史書、『毛詩《もうし》』という中国最古の詩集、『倶舎論《くしゃろん》』という仏教の注釈書などを読んだという。

貴族としての将来が約束されていた道元だが、建暦《けんりゃく》二年（一二一二）、十三歳で比叡山にのぼる。その理由は『正法眼蔵随聞記』に「無常を観じて仏道に帰依《きえ》する心が興《おこ》った」とあり、父母の死を目の当たりにしたことによるといわれる。また、その頃、母方の祖父の基房が、道元を政治家にさせようと画策したともいわれ、政治に翻弄《ほんろう》された母の心の痛みを自身に投影して出家を願ったのかもしれない。

道元は、母方の叔父で天台僧の良顕《りようけん》（良観《りようかん》）をひそかに訪ね、出家を許されて比叡山にのぼった。そして翌年の春、天台座主《ざす》七十世・公円《こうえん》のもとで得度《とくど》して正式の僧となり、「道元」の法名《ほうみよう》を授かった。法名の由来は、『華厳経《けごんぎよう》』の一節「信は道の元にして功徳《くどく》の母たり」からといわれる。「仏法を信じることが仏道にとって最も大切なことであり、功徳の母のようなものである」という意味である。

道元は比叡山で天台宗を学び、「止観《しかん》」と呼ばれる天台宗の坐禅の修行もしたようだ。しかし、修行に励むうちに仏道修行に対して大きな疑問を抱くようになる。『建撕記』によると、「本来本法性《ほんらいほんほつしよう》　天然自性身《てんねんじしようしん》……」とある。「大乗仏教ではすべての生き物には仏性《ぶつしよう》（本来持つ仏としての性質）があると説いている。それなのになぜ、人は仏になる（さとりを得る）ために修行するのだろうか」という疑問である。

道元は比叡山の高僧たちにこの疑問を投げかけるも、満足できる答えは得られなかった。当時の比叡山は国家仏教の最高学府だったが世俗化が進んでおり、僧たちも権力争いに明け暮れていた。そこで道元が、師を求めて訪ねたのが、叔父の良顕とも親交のある三井寺《みいでら》（現在の滋賀県大津市・天台寺門宗《てんだいじもんしゆう》総本山園城寺《おんじようじ》）の公胤《こういん》だった。

● 道元の略系図（※道元の系譜は諸説ある）

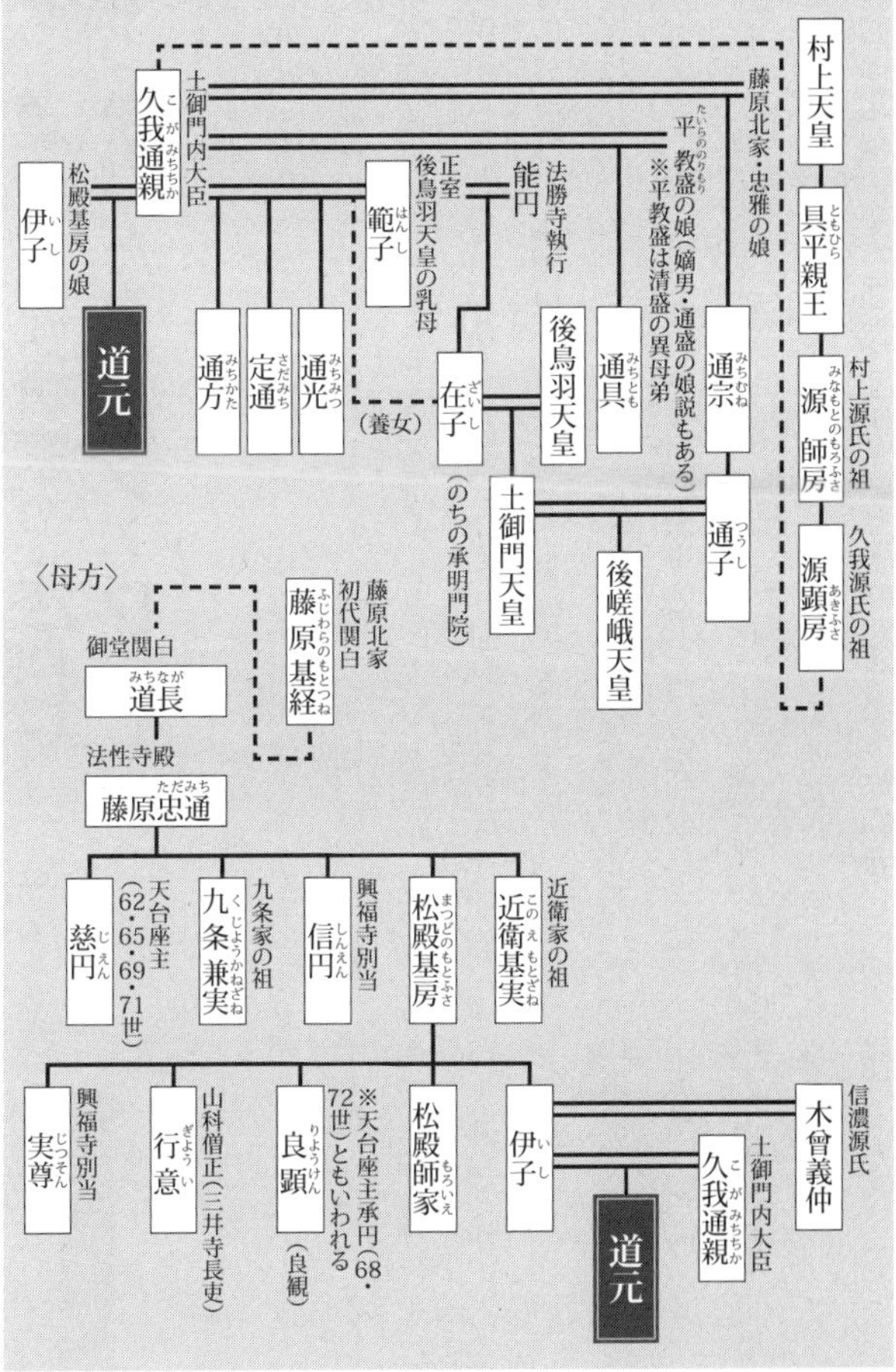

Q5

道元が臨済宗の栄西に学んだってホント!?

高祖・道元

道元が三井寺《みいでら》の公胤《こういん》を訪ねたのは比叡山にのぼってから二年を経た十五歳のときだった。公胤は道元の疑問に対して、「さとりとは理論的に理解するものではなく、自身が実践修行によってさとりを得ることによって確認できるだろう」と答えた。そして「宋《そう》から実践修行である禅宗を伝え、京都に建仁寺《けんにんじ》を開いた栄西《えいさい》を訪ねるか、あるいは宋に渡り、正師《しょうし》につけば答えが見つかるのではないか」と助言した。

道元は早速、栄西を訪ね、教えを乞《こ》うた。道元は、宗教的疑問の解決には至らなかったものの、禅に対して大きな魅力を感じた。栄西が伝えた禅の宗派は、当時、宋で隆盛だった臨済宗黄龍派《おうりょうは》である。栄西は、宋で黄龍派の虚庵懐敞《きあんえじょう》のもとで四年間修行し、印可《いんか》を得た。そして「明庵《みょうあん》」という道号を授けられたのである。

道元は比叡山から建仁寺をときどき訪ねるようになるが、栄西は間もなく亡くなってしまう。

それでも禅の魅力にとりつかれた道元は、建仁寺に通いつづけ、建保《けんぽう》五年（一二一七）には比叡山と訣別《けつべつ》し、栄西を継いで建仁寺住職となっていた明全《みょうぜん》（一一八四〜一二二五）のもとで、本格的な禅修行に入る。

臨済宗の開祖・栄西をまつる建仁寺開山堂（京都市東山区・旧護国院）の楼門（写真提供・建仁寺）

比叡山を下山した年については、栄西に会った建保二年だったという説もある。あるいは、道元が建仁寺を最初に訪れたのは建保五年で、そのときすでに栄西は亡くなっており相見《しょうけん》していないという説もある。

明全は比叡山や奈良で戒律を学び、東大寺で受戒した。その後、栄西に師事して法灯を嗣《つ》いだ高僧である。

道元は十八歳から二十四歳までの六年間、明全のもとで臨済禅をみっちりと学んだ。

Q6

道元はどんなルートで宋に渡ったの？

高祖・道元

貞応《じょうおう》二年（一二二三）春、二十四歳になった道元は師の明全《みょうぜん》とともに宋《そう》に渡る。明全はかねてから入宋《にっそう》して禅の本場で学ぶことを志しており、道元が建仁寺に入山してからは二人で入宋の準備を進めていたといわれる。

機が熟し、道元は明全に随行して、他二名の同行者とともに京都を発《た》つことになった。ところが出発間際になり、明全の師である比叡山の明融《みょうゆう》が重篤な状態になった。明融は明全に対して、自分を看取《みと》ってから宋に渡ってほしいと言い出したのである。大恩のある師の最期の願いを聞き入れ、入宋を延期するべきであると弟子たちに促される明全だったが、「たとえ孝に背いたとしても、人々の救いの縁となる仏道の大義を優先すべきである」として出立を決意したという。

一行が向かったのは博多である。当時の博多は日宋貿易の玄関口として栄えていた。

● 道元の入宋から諸山歴訪の足跡（1223〜1227）

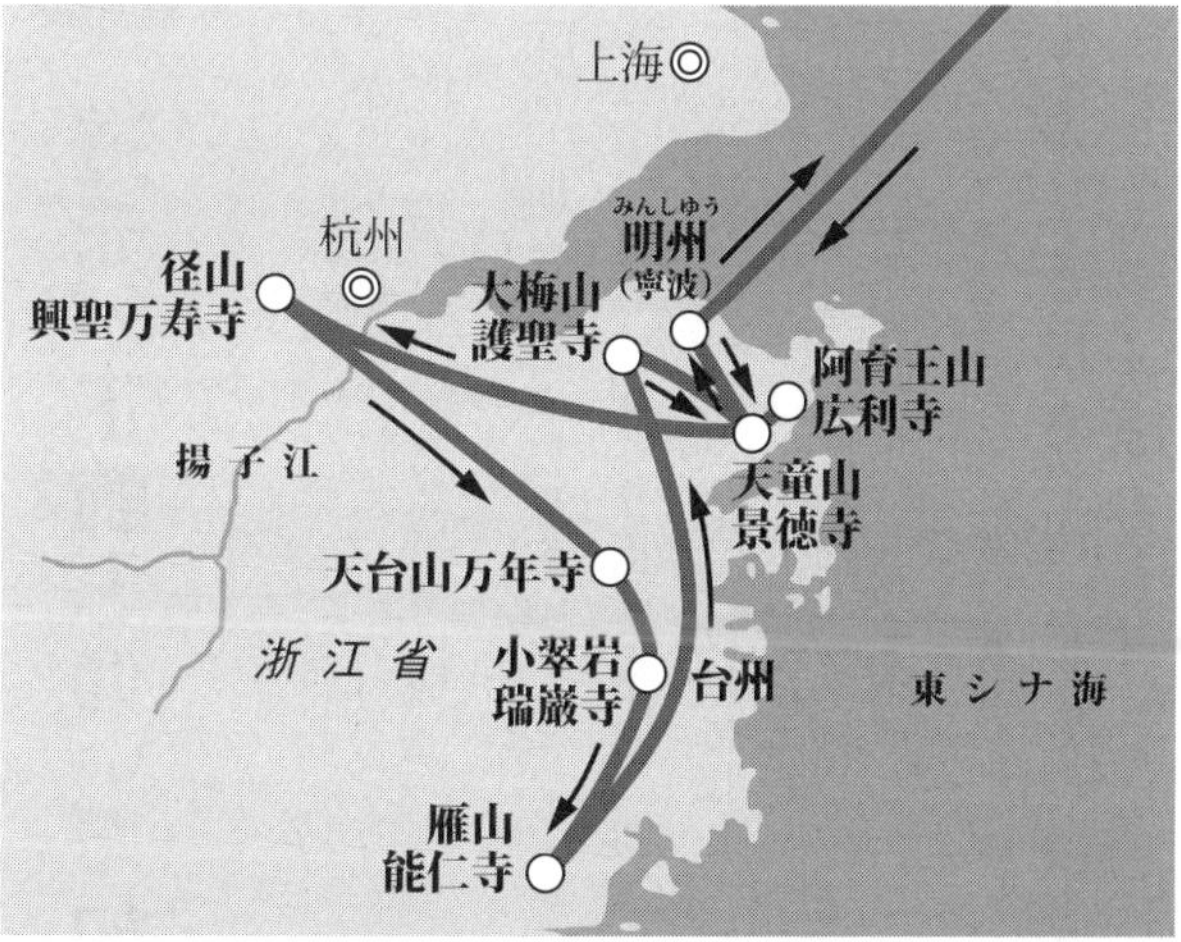

ここから、当時は「唐船《からふね》」と呼ばれていた日宋貿易船に乗って入宋することになる。

道元を乗せた唐船は上海《シャンハイ》の南、現在の中国浙江省《せっこうしょう》の寧波《ニンポー》港に着いた。明全は東大寺で戒律を受けていたので到着直後に上陸が許され、天《てん》童山景徳寺《どうざんけいとくじ》に入った。景徳寺は中国五山の第三位で、当時は臨済宗の無《む》際了《さいりょう》派《は》が住職を務める名刹《めいさつ》だった。

道元はすぐには上陸を許されず、三カ月ほど船で待機してから景徳寺に入った。それから道元は、正師《しょうし》を求めて諸山を歴訪する。

Q7

道元が正師と仰いだ如浄とは？

高祖・道元

道元が天童山景徳寺《てんどうざんけいとくじ》に入ったのは貞応《じょうおう》二年（一二二三）七月、京都を発《た》ってから約五カ月ほどが経過していた。

道元は、明全《みょうぜん》とともに住職の無際《むさい》のもとで修行に励んだ。しかし、無際の禅に納得しきれず、道元はひとり正師《しょうし》を求めて諸山を歴訪する旅に出た。じつは、日本と同様に宋《そう》の国においても仏教界は世俗化していて、立身出世を望む僧侶が多かったようだ。道元はそのような世俗に迎合しない本物の師を求めていたのである。

二年近くにわたり多くの名刹《めいさつ》を遍歴し、何人もの高僧に会った道元だが、正師に出会うことはできなかった。

大梅山《だいばいざん》から天童山への帰路、羅漢殿《らかんでん》の前で途方に暮れていた道元は、老璡《ろうしん》という僧に出会う。老璡は「それならば、天童山景徳寺に無際の示寂《じじゃく》後に住職として入った如浄《にょじょう》は名利や権勢に近づくことのない本物の禅僧だと聞きおよんでいる」と道元に教えてくれた。

道元が急ぎ景徳寺に帰ったのは嘉禄《かろく》元年（一二二五）四月末だった。そして五月一日、初めて如浄（一一六二〜一二二八）に面会する。道元は如浄を一目見て正師であると確信し、如浄もまた道元を正法《しょうぼう》（仏の正しい教え）を嗣《つ》ぐにふさわしい人物であると見抜いたという。その日から道元は如浄のもとで厳しい修行に励む。

如浄は、当時の宋で主流だった臨済宗ではなく、曹洞宗の流れをくんでいた。その法灯を嗣ぐ雪竇《せっちょう》智鑑《ちかん》のもとでさとりを得て、いくつかの禅院の住職をしたのち、無際の遺言を受けて景徳寺の住職となった。

曹洞宗の禅風は「黙照禅《もくしょうぜん》」といわれ、ただ黙々と坐禅に打ち込むことである。『正法眼蔵随聞記《しょうぼうげんぞうずいもんき》』によると、如浄の指導は厳しく、坐禅中に居眠りする修行僧には靴で頭を殴ったりした。しかし、叱責《しっせき》したり殴ったりした後には、「それは修行を助けるため仏の代わりにすることであるから、君たちの慈悲心で許してください」と弟子たちに謝ったという。

高祖・道元

Q8 道元がさとりを得たときの様子を教えて？

道元が景徳寺《けいとくじ》に帰ってきたとき、ともに入宋《にっそう》した明全《みょうぜん》は病床にあった。そして道元が正師《しょうし》・如浄《にょじょう》に会うことができた感動を伝えてからほどなくして亡くなる。

明全は、死に臨んで坐禅をしたまま入寂《にゅうじゃく》したと伝えられる。遺体は荼毘《だび》に付され、遺骨はのちに道元が日本に持ち帰り、建仁寺《けんにんじ》の栄西《えいさい》の墓所の隣に埋葬された。明全との悲しい別れは、早朝から深夜におよぶ坐禅三昧《ざんまい》の夏安居《げあんご》（91ページ参照）の期間中のことだった。

道元は悲しみを乗り越えて修行に励む。そして大悟《だいご》（さとりを得ること）のときがやってくる。そのときの様子はこうだ。

参禅中に一人の修行僧が居眠りをしていた。そこに如浄の叱責《しっせき》が飛ぶ。

「坐禅はすべからく身心脱落《しんじんだつらく》なるべし。只管《しかん》に打睡《たすい》して何をかなさん」（坐禅は、身も心もいっさいの束縛から脱却し自由になることである。居眠りするとは何ごとか！）

道元は、この「身心脱落」という言葉を聞いた瞬間、さとりを得たという。いっさいの煩悩《ぼんのう》や執着から逃れ、身も心も生まれ変わって自由自在の境地になることができたのである。

夜が明けてから、道元は如浄の部屋へ行き、

「身心脱落し来《きた》る」

と言って、さとりを得たことを伝えた。

如浄は「身心脱落、脱落身心」と繰り返して、道元の大悟を認めた。

道元はそれから約二年間、如浄のもとで修行し、曹洞禅のすべてを学んだ。禅宗では、さとりの後の学びを「悟後《ごご》の修行」といい、これが本来の修行とされている。

道元は、如浄から伝法の証明となる嗣書《ししょ》、如浄の頂相《ちんぞう》（肖像画）などを授けられ、安貞《あんてい》元年（一二二七）に帰国する。帰国にあたって如浄は、「権力者に近づかず、深《しん》山幽谷《ざんゆうこく》に住み、わずか一人でもよいから本物の弟子を育て、禅の道を絶やしてはならない」と道元に命じた。道元は、この言葉を生涯守り通した。

Q9 道元は帰国後、なぜ『普勧坐禅儀』を書いたの？

高祖・道元

安貞《あんてい》元年（一二二七）、二十八歳になった道元を乗せた唐船《からふね》は、現在の熊本県宇城《うき》市・三角《みすみ》港あたりに着いた。無事に帰国した道元は、そこから九州、西国各地を歴遊しながら京都の建仁寺《けんにんじ》に帰った。各地には道元にまつわる伝説が残っている。

また、明全《みょうぜん》と道元が宋《そう》に渡ってから四年が経過した建仁寺は、厳しい修行に明け暮れる当時の雰囲気はなく、規律が崩れて僧たちも世俗化していたようだ。『正法眼蔵随聞記《しょうぼうげんぞうずいもんき》』には、「建仁寺に入門した頃の僧侶の厳しさがなくなった」と道元の嘆きの言葉が残されている。

建仁寺に着いた道元は、宋で客死した明全の遺骨を埋葬した。そしてすぐに筆を執る。書き上げたのは『普勧坐禅儀《ふかんざぜんぎ》』――「普《あまね》くすべての人に勧める坐禅の作法書」である。

この書で道元は、坐禅の作法とその意味についてまとめるにとどまらず、出家・在家、あるいは老若男女、貴賤《きせん》を問わず坐禅をすすめている。いわゆる道元の立教開宗宣言書である。

道元のいう坐禅とは、「只管打坐《しかんたざ》」（さとりを求めて坐禅をするのではなく、いっさいのこだわりを捨ててただひたすら坐ることで、仏の命と一体となっているということ）であり、「坐禅は安楽《あんらく》の法門である」と説いた。

栄西が建仁寺を建立したときに禅宗は認められたものの、それはあくまでも天台教学（円教《えんぎょう》）や密教との兼修《けんしゆう》だった。道元は、そこから禅宗だけを独立させた宗派とするべく『普勧坐禅儀』を書いたといわれる。

「専修禅《せんしゆうぜん》」を主張する道元は、栄西と同様に比叡山をはじめとする旧仏教から非難を受ける。当時の日本は各地で天災地変が相次いでいた。道元が帰国した年には京都と鎌倉で大地震があり、干ばつ、洪水、飢饉《ききん》も相次いでいた。こうした災害は、専修《せんじゅ》念仏《ねんぶつ》や専修禅といった新興仏教が神の怒りを招いたからだという噂《うわさ》まで流れた。そのため道元は建仁寺にいられなくなり、京都の街中から離れることになる。

Q10

いつ頃から弟子が増え出したの？

高祖・道元

寛喜《かんぎ》二年（一二三〇）、建仁寺を去った道元は京都・深草《ふかくさ》にあった極楽寺《ごくらくじ》の別院、安養院《あんよういん》に閑居した。安養院は、建仁寺から南へ五キロほど、現在の伏見《ふしみ》区西桝屋《にしますや》町《ちょう》にある欣浄寺《ごんじょうじ》ではないかと伝わる。極楽寺は母方の祖先・藤原基経《ふじわらのもとつね》と長男の時平《ときひら》の創建で、そのゆかりで道元は入ったようだ。

道元はこの地で、主著である『正法眼蔵《しょうぼうげんぞう》』の序文として読まれている『弁道話《べんどうわ》』を執筆した。道元禅の基本方針をまとめたもので、十八則の問答形式になっている。この書では「正法《しょうぼう》（仏の正しい教え）は誰にでも備わっている。ただし、坐禅修行せずにそれを確かめ享受することはできない。坐禅修行を実行することによってのみ正法を確かめることができるのである」などといった内容が語られている。

天福《てんぷく》元年（一二三三）の春、道元は安養院の近くに興聖寺《こうしょうじ》を建立した。現在の伏《ふし》見稲荷《みいなり》の南、日蓮宗別格本山の宝塔寺《ほうとうじ》のあたりだったらしい。この興聖寺が日本で最初の中国禅林式の僧堂《そうどう》を構える寺院である。ここで日本最初の「夏安居《げあんご》」が行われた。また道元は、この年に『正法眼蔵』の第一巻をまとめている。

この頃から道元の禅の教えにあこがれる人々が次第に集まり、興聖寺は活気づいた。建立の翌年には日本達磨宗《にほんだるましゅう》の高僧だった懐奘《えじょう》が入門する。じつは、懐奘は曹洞禅の法灯を嗣《つ》いで宋から帰国したばかりの道元を建仁寺に訪ねていた。そこで道元の話に感動して弟子入りを願い出た。しかし当時の道元は仮寓《かぐう》の身だったので、禅道場を建立したときに再会しようと約束していたといわれる。

入門後の懐奘は、常に道元のそばで説法を書き留めた。これがのちに『正法眼蔵随聞記《しょうぼうげんぞうずいもんき》』としてまとめられたのである。懐奘は道元の示寂《じじゃく》後、永平寺二世となる。

道元の約十年におよぶ布教活動により禅の教えは拡大し、興聖寺は活況を呈した。そうなると、再び比叡山の弾圧が始まる。道元は高弟の詮慧《せんね》に興聖寺をまかせ、越前《えちぜん》に移ることになる。興聖寺は詮慧の後、四代で廃絶となったが、江戸時代の慶安《けいあん》二年（一六四九）に宇治（京都府宇治市）に再興された。

Q11 道元の大著『正法眼蔵』には何が書かれているの?

高祖・道元

「正法眼蔵《しょうぼうげんぞう》」という言葉は、「仏の正しい教えをありのままに照らし、包み込む」という意味である。

道元は、後半生二十三年間にわたって執筆した大著『正法眼蔵』によって、仏教の真髄を明らかにした。禅思想、宗門の規則、行儀、坐禅指導などについて、道元が著したり説法したりしたものを編集した曹洞宗の根本聖典である。

『正法眼蔵』は道元の示寂《じじゃく》後にも何度も編集されてきたため、九十五巻本、七十五巻本、十二巻本などいろいろある。

『弁道話《べんどうわ》』は、道元がまとめた『正法眼蔵』には含まれていなかった。しかし、江戸時代に曹洞宗の学僧の面山瑞方《めんざんずいほう》が真筆を見つけたことから、寛喜《かんぎ》三年(一二三一)に極楽寺別院の安養院で閑居中に執筆したとされ、『正法眼蔵』の序文として扱われるようになった。

文章は引用部分を除いて漢字仮名まじりの和語で書かれている。当時の知識人は漢語を用いることが多く、道元は漢語が読めない庶民にもわかるようにとの思いだったのだろう。

たとえば「現成公案《げんじょうこうあん》」（九十五巻本の第三巻、七十五巻本の第一巻）は、道元の禅思想の根幹をなすもので、さとりの方法が丁寧に示されている。その中に次のような一文がある。

「仏道をならうというは、自己をならうなり。自己をならうというは、自己をわするるなり」（仏道を学ぶことは、自分自身を学ぶということだ。自分を学ぶということは、自分の知識や経験、思慮分別を捨て去り、仏道に身を投じることだ）

これが仏法の出発点であると道元は語っている。

また、道元は寛元《かんげん》元年（一二四三）四月に京都の六波羅蜜寺《ろくはらみつじ》で『正法眼蔵』古仏心《こぶつしん》の巻を示衆《じしゅ》している。それは、檀越《だんおつ》（寺院の開基となったり布施をする施主）の波多野義重《はたのよししげ》が六波羅探題《ろくはらたんだい》の任にあり、屋敷もこの界隈にあったためといわれている。

Q12 永平寺は、いつできたの？

高祖・道元

寛元《かんげん》元年（一二四三）七月、道元は、檀越《だんおつ》の波多野義重《はたのよししげ》のすすめにより越前国志比庄《えちぜんのくにしひのしょう》（現在の福井県吉田郡永平寺町）へ移転した。同地は波多野氏が地頭《じとう》を務めており、道元の身の安全は確保された。

また京都を離れるにあたって、師・如浄《にょじょう》から命じられた、権力者に近づかず、深山幽谷に住み、本物の弟子を育てることを決意したとみられる。

道元は帰国以来、都で万民救済のために布教活動を行うことと、深山幽谷で真の弟子を育てることが相反することを意識していた。それに決着をつけたのが、この越前への移転と考えられる。

道元とその弟子たちは山里にある吉峰寺《きつぽうじ》という古寺にしばらく身を寄せた。ここで道元は、禅道場に適した場所を探すとともに、厳しい修行生活に入った。

越前移転後の道元は、布教への妥協はいっさいなく、純粋な出家主義を説いた。道元は吉峰寺に滞在した一年弱の間に、『正法眼蔵《しょうぼうげんぞう》』全九十五巻のうちの約三分の一を著したといわれる。

翌年(一二四四)、新たな禅道場は吉峰寺から西へ四キロほどの山中に決まり、まず法堂《はっとう》を建立して「大仏寺《だいぶつじ》」と命名した。その後、中国の修行地である天童山《てんどうざん》を模した伽藍《がらん》を建立していった。

寛元《かんげん》四年(一二四六)六月、大仏寺を「永平寺《えいへいじ》」と改称。寺号は、仏教が中国に伝来した後漢の明帝《めいてい》時代の元号「永平」から取ったとされる。

また道元は、釈迦《しゃか》が誕生したときに「天上天下唯我独尊《てんじょうてんげゆいがどくそん》」(天にも地にも自己こそが尊い存在である)といったことにちなんで、「天上天下当処永平《てんじょうてんげとうしょえいへい》」(天にも地にも永平寺こそが仏法が伝わる地である)といった。自身の説く仏法こそが正法《しょうぼう》であることを強調したのだろう。

Q13 道元の一番弟子、懐奘ってどんな人？

高祖・道元

現在の曹洞宗が、高祖・道元の教えを正しく伝えることができたのは、一番弟子といわれる永平寺二世の懐奘《えじょう》（一一九八～一二八〇）の功績が大きい。

懐奘は、師・道元の二歳年上である。じつは、懐奘と道元は縁戚の関係にあった。懐奘は、公卿《くぎょう》の藤原伊輔《ふじわらのこれすけ》の側室の子だといわれる。伊輔の母、つまり懐奘の祖母は、道元の父と伝わる久我通親《こがみちちか》の正室・範子《はんし》の妹である。側室の子である道元と直接血のつながりはない。

懐奘は十八歳で出家し、比叡山で修行した。その後、二十四歳で浄土宗西山派《せいざんは》の証空《しょうくう》に浄土教学を学ぶが得心できず、二十六歳で日本達磨宗《にほんだるましゅう》の覚晏《かくあん》に禅を学んだ。そして覚晏に嗣法《しほう》を受けるも、日本達磨宗は興福寺からの弾圧を受け、避難を余儀なくされた。そんな混乱期に道元と出会った。道元の弟子となって二年後の嘉禎《かてい》二年

（一二三六）、興聖寺《こうしょうじ》時代にさとりを得て道元から印可《いんか》を受けた。

懐奘は、入門後から道元が示寂《じじゃく》するまでの約二十年間、道元のそばを離れずその教えを記録しつづけた。また、道元の示寂後も師の教えを後世に残すために生涯を捧《ささ》げた。その功績の一部を紹介しよう。

『正法眼蔵《しょうぼうげんぞう》』は道元の著したものや説法の記録を編集したものだが、懐奘はその書写・編集の大部分に関わっている。また、『正法眼蔵随聞記《しょうぼうげんぞうずいもんき》』は、嘉禎元年（一二三五）からの三年間、興聖寺時代に道元から受けた教えを問答形式で記録したもので、六巻百七話にまとめられている。そこには、禅の教えはもちろんだが、人間の生き方論、中国時代の修行の話、祖師たちの逸話、道元の出自や家庭環境など、道元の素顔が生き生きと伝わる。懐奘は自身の記録として書き留めたものだが、没後に遺品から見つかり、門弟たちによって編集された。

建長《けんちょう》五年（一二五三）、道元の示寂後に永平寺二世となり、師の教えを後世に伝えることに専念した。だが晩年は義介《ぎかい》を三世としたのちに「三代相論《さんだいそうろん》」と呼ばれる宗門対立（60ページ参照）が起こり再任するなど、永平寺継承の問題に心を砕いた。

高祖・道元

Q14 道元の弟子の中国僧、寂円ってどんな人？

寂円《じゃくえん》（一二〇七〜九九）は、道元が中国・天童山景徳寺《てんどうざんけいとくじ》での修行時代、如浄《にょじょう》に師事したときの兄弟弟子である。しかし、寂円は如浄のもとで印可《いんか》を得られなかった。道元が帰国した翌年の安貞《あんてい》二年（一二二八）、寂円は如浄を看取《みと》ったのち道元を慕って来日した。そして道元の弟子となる。

寂円は道元が示寂《じしゃく》するまでそばで仕えたが、やはり印可を得られず、ついに得られたのは五十歳の頃、永平寺二世となった懐奘《えじょう》からだった。

如浄、道元という厳しい師のもとで禅を学んだ寂円は、それを引き継いで自身の悟後《ご》の修行にも厳しかった。越前《えちぜん》山中の銀椀峰《ぎんなんぽう》（現在の銀杏峰《げなんぽ》）の石の上で十八年間、黙々と坐禅を続けたという。その姿をたまたま遊猟に来ていた豪族の伊自良《いじら》氏が目にして寂円に帰依《きえ》し、永平寺の東方の山中に一寺を寄進した。それが宝慶寺《ほうきょうじ》（福井県大野市）である。同寺は、永平寺に次ぐ曹洞宗第二道場として現在も修行僧たちが修行に励んでいる。

こんなエピソードがある。寂円が宝慶寺で坐禅をしていると、牛と犬がやってきてそばを離れようとしない。そして托鉢《たくはつ》に出るときは首に頭陀袋《ずだぶくろ》をさげてお供をしたという。寂円が没するとその牛と犬も間もなく死んだので、寂円の墓所の傍らに葬られた。牛と犬の頭陀袋は寺宝として現在も保存されているそうだ。

寂円禅師像（福井県大野市・宝慶寺蔵）

寂円は厳しい禅風を貫き、嗣法《しほう》の弟子は生涯に義雲《ぎうん》ただ一人だった。寂円が九十三歳で没すると、義雲が宝慶寺二世となった。のちに義雲は、「三代相論《さんだいそうろん》」によって衰退していた永平寺を再建するため宝慶寺を弟子の曇希《どんき》に譲り、自らは永平寺五世となって中興を果たした。その後、江戸時代になるまで寂円の法孫が永平寺住職を務めている。

Q15 道元はなぜ、鎌倉幕府執権の寄進を断って越前に帰ったの？

高祖・道元

永平寺建立の翌年にあたる宝治《ほうじ》元年（一二四七）、檀越《だんおつ》の波多野義重《はたのよししげ》の要請により、道元は鎌倉に赴《おもむ》いた。四十八歳だった。その頃には宋《そう》から新しい禅の教えを持ち帰った道元の名声は、遠く鎌倉でも話題になっていたようだ。当初は招きに応じなかった道元だが、波多野義重が鎌倉幕府執権《しっけん》・北条時頼《ほうじょうときより》から依頼されてのことであり、義重の立場を察しての鎌倉下向《げこう》だったという。

当時の幕府は、時頼の祖父・泰時《やすとき》没後に次々と跡継ぎが亡くなり、御家人《ごけにん》が謀反《むほん》を起こすなど政情不安となっていた。そして時頼は執権就任直後、有力御家人の三浦一族を滅ぼし（宝治合戦《ほうじかっせん》）、さらに千葉氏も滅ぼした。弱冠二十一歳の時頼は、たび重なる戦《いくさ》から精神的な不安を抱え、その苦悩からの救いを道元に求めたようだ。

同年八月、道元は永平寺を発《た》ち約二十日で鎌倉に着いた。そして、約半年間滞在する。その間に、時頼ほか在家信者に仏弟子となる菩薩戒《ぼさつかい》を授与している。

時頼の不安は、因果応報《いんがおうほう》（行為の善悪に応じて、その報いがあること）についてだった。それに対する道元の答えはただ一つ、「悪行《あくぎょう》をやめて、善行《ぜんぎょう》を行うこと」であり、時頼をはじめ鎌倉の人々に説きつづけた。しかし、武家社会に生きる鎌倉の人々には、人が人として生きる基本すらなかなか理解を得られなかったのかもしれない。

道元は一寺を寄進するので鎌倉に留《とど》まってほしいという時頼の申し出を断り、翌年（一二四八）春、永平寺に帰った。師・如浄《にょじょう》の「権力者に近寄らず、本物の弟子を育てよ」という教えを、いま一度心に深く刻んだのである。

時頼からの寄進には、こんなエピソードもある。弟子の玄明《げんみょう》が時頼から土地の寄進状を受け取って永平寺に持ち帰り、得意になって皆に触れまわった。その心のいやしさを怒った道元は、玄明を即刻破門にしたという。

また、道元の名声を聞いた後嵯峨院《ごさがいん》（上皇）が最高の権威である紫衣《しえ》（紫色の法衣《ほうえ》）を建長《けんちょう》元年（一二四九）に贈ったといわれる。しかし、道元は三度これを辞退している。最後に受け取りはしたが、終生身につけることはなかったという。

Q16 道元の最期の言葉とは？

高祖・道元

鎌倉から永平寺に帰った道元は、自身が中国から伝えた禅の教えを継承する弟子の育成に精魂を傾けた。しかし、五十三歳となった初秋から体調を崩すことが多くなった。翌建長《けんちょう》五年（一二五三）一月、自らの死を予見して「八大人覚《はちだいにんがく》」の説法をして、それを『正法眼蔵《しょうぼうげんぞう》』の最終巻とした。「八大人覚」とは仏弟子として守るべき八つの項目で、少欲（欲望に節度を持つ）、知足《ちそく》（足るを知る）、禅定《ぜんじょう》（心を安定させる）などである。これは釈迦《しゃか》の最後の説法でもある。道元は、釈迦の入滅《にゅうめつ》を自分の死に重ねていたのかもしれない。

病状が日を追って悪化していく道元は、七月十四日に永平寺住職を懐奘《えじょう》に譲り、手縫いの袈裟《けさ》を与えた。

そして八月五日、道元は檀越《だんおつ》の波多野義重《はたのよししげ》のすすめで療養のため京都へ向かった。

京都へは懐奘と寂円《じゃくえん》のほか数人の弟子たちが付き添った。八月十五日に上洛《じょうらく》した道元は、療養先となる俗弟子の覚念《かくねん》の屋敷に到着。この屋敷は、高辻西洞院《たかつじにしのとういん》（現在の西本願寺から五条通を隔てた北東）にあった。

上洛直後の夜、道元は中秋《ちゅうしゅう》の月を見て歌を詠《よ》んだ。

また見んと　思いし時の　秋だにも　今宵《こよい》の月に　寝られやはする

また見たいと思っていた中秋の名月をまた見ることができた。今宵の月をいつまでも見ていたくて今夜は眠れそうもない——来年もあの名月を見ることはできるだろうか、との想いで眺めていたのだろう。

覚念の屋敷で十日余り療養を続けた道元だが、治療の限りを尽くすも病状は悪化をたどるばかりだった。八月二十七日、いよいよ最期の時がきたと感じた道元は、やおら病床から立ち上がり、室内を経行《きんひん》（ゆっくりと歩くこと）しながら、低い声で『法《ほ》華《け》経《きょう》』第二十一如来神力品《にょらいじんりきぼん》の一節をとなえた。

このお経は「この世はすべてが修行の場であるから、たとえどこにいても仏を供養することが大切だ」という内容である。そして道元は、筆と硯《すずり》を用意させて、その経文を柱に書きつけた。翌二十八日未明、弟子たちが見守る中、道元は遺偈《ゆいげ》（辞世《じせい》）を書き残し息を引き取った。

五十四年　第一天を照らす　箇《こ》の踍跳《ぼっちょう》を打《た》して　大千《だいせん》を触破《そくは》す

咦《いい》　渾身《こんしん》に覓《もと》むる無《な》し　活《い》きながら黄泉《こうせん》に陥《お》つ

意味は「五十四年の人生において、私はひたすら正法《しょうぼう》を求めつづけてきた。この場から飛び跳ねて迷いの三千大千《さんぜんだいせん》世界（自分をとりまく無限大の世界）を打ち破ってきた。ああ、渾身の力で求めるものはもう何もない。この人生で見つづけてきた正法を抱いて、あの世に行くだけなのだから」となる。

この遺偈は、師・如浄《にょじょう》の遺偈「六十六年　罪犯弥天《ざいぼんみてん》　箇の踍跳を打して　活きながら黄泉に陥つ　咦　従来の生死　相《あ》いかかわらず」を踏襲している。

示寂《じじゃく》の地である覚念の屋敷があったと推定される場所（京都市下京《しもぎょう》区高辻通《たかつじどおり》西洞院西入ル永養寺町《えいようじちょう》）には「道元禅師示寂聖地」の石碑が建てられている。

遺体は翌二十九日、洛中の天神中小路《てんじんなかこうじ》の草庵《そうあん》に移された。その後、波多野義重によって東山赤辻《ひがしやまあかつじ》の小寺に移され、火葬された。荼毘所《だびしょ》は現在の円山《まるやま》公園近くといわれ、そこには「道元禅師荼毘塔《だびとう》」が建っている。この地はかつて、建仁寺の三昧処《さんまいしょ》（火葬場）だったと伝わる。

京都・円山《まるやま》公園音楽堂の南に立つ「曹洞宗高祖道元禅師荼毘塔《だびとう》」の石標と宝篋印塔《ほうきょういんとう》（写真提供・宗仙寺）

道元の遺骨は、九月六日に京都を発《た》ち、十日に永平寺に着いた。そして十二日に懐奘が中心となって入涅槃《にゅうねはん》の儀式（葬儀）が執り行われた。そして、遺骨は永平寺の西隅、法堂《はっとう》の隣に塔を建てて納められた。現在は承陽殿《じょうようでん》に収められている。

道元は、江戸時代末期に孝明《こうめい》天皇から「仏性伝《ぶっしょうでん》東国師《とうこくし》」の諡号《しごう》（贈り名）を受け、さらに明治天皇から「承陽大師《じょうようだいし》」の大師号を受けている。

Q17 瑩山の祖母は道元の弟子だった!?

太祖・瑩山

瑩山《けいざん》は鎌倉時代中期の文永《ぶんえい》元年（一二六四）十月八日、越前国多禰邑《えちぜんのくにたねむら》（現在の福井県越前市帆山町《ほやまちょう》）の豪族・瓜生《うりゅう》氏の長男として生まれた（生年は諸説ある）。父は了閑《りょうかん》、母は懐観《えかん》という。母は観音信仰に篤《あつ》く、長く子供に恵まれなかったので、多禰の観音堂に毎日お参りしていた。そのかいがあって三十七歳で瑩山を授かった。

高僧に誕生伝説は多いが、瑩山は母が観音堂にお参りに行く道すがら、観音堂の境内で生まれたと伝わる。そのため、幼名は「行生《ぎょうしょう》」と名づけられた。観音信仰の篤い母親に育てられた瑩山は、幼い頃から慈悲心をもった子供だったという。

母方の祖母・明智《みょうち》は、道元の俗弟子だった。帰国直後に建仁寺に仮寓《かぐう》していた道元を訪ね、入門を許された女性初の弟子といわれる。

文永八年（一二七一）、瑩山は八歳のとき、祖母の明智に連れられて永平寺にのぼり、永平寺三世の義介《ぎかい》のもとで出家した。

しかし、当時の永平寺は「三代相論《さんだいそうろん》」のまっただ中にあった。瑩山は、出家直後に義介が住職を辞したため、住職に再任された二世の懐奘《えじょう》のもとで学んだ。そして建《けん》治《じ》二年（一二七六）、十三歳で得度《とくど》し、正式の僧となる。瑩山は、懐奘の最後の直弟《じきで》子《し》となった。

瑩山の真面目な修行ぶりは、懐奘に「私はもう長く生きられないので、瑩山の大成した姿を見ることができないのは残念である」といわしめたほどだった。

木造太祖瑩山紹瑾《けいざんじょうきん》坐像（石川県羽《は》咋《くい》市・永光寺《ようこうじ》蔵）

懐奘の没後、再び永平寺住職となった義介のもとでひたすら坐禅修行に励む。しかし、「三代相論」で騒がしい永平寺は修行の環境にふさわしくないと感じたのだろうか、瑩山は義介の許可を得て諸国遍歴に出る。弘安《こうあん》五年（一二八二）、十九歳だった。

Q18 瑩山は誰に師事したの？

太祖・瑩山

懐奘《えじょう》、義介《ぎかい》という道元の高弟に学んだ瑩山《けいざん》の諸国遍歴は、道元のもう一人の高弟・寂円《じやくえん》が住職を務める宝慶寺《ほうきようじ》から始まった。

坐禅指導の厳しさで知られる寂円は、瑩山の力量を見抜き、瑩山を「維那《いのう》」という修行の進行を監督する重要な役職に就《つ》けた。瑩山の修行生活などを記録した『洞谷記《とうこくき》』によると、「不退転の決意で仏道修行に励む菩提心《ぼだいしん》は、宝慶寺の本師と仰ぐ寂円禅師のもとで得られた」と記している。

瑩山にとって印可《いんか》を与えられた義介が「本師」であるが、懐奘も、そして寂円も、義介同様の大切な師であったことがうかがえる。

一、二年で宝慶寺を後にした瑩山の足取りは、確かなことはわかっていない。後世の史伝によれば、比叡山にのぼり天台宗を学んだり、京都へのぼり新しい禅を学んだ碩学《せきがく》たちを訪ねていたらしい。京都では東福寺《とうふくじ》の白雲慧暁《はくうんえぎょう》、万寿寺《まんじゅじ》の東山湛照《とうざんたんしょう》に参じ、さらに紀伊国由良《きいのくにゆら》（現在の和歌山県日高郡由良町）の興国寺《こうこくじ》の心地覚心《しんちかくしん》に参じたという。三人とも円爾弁円《えんにべんねん》（聖一国師《しょういちこくし》）の教えを受けた密教的禅風だった。円爾は入宋《にっそう》して臨済宗を学び、東福寺を開いた高僧である。

こうした新しい臨済禅や密教を学んだことが、瑩山のその後の禅風に影響している。約三年の諸国遍歴を終えた瑩山は、宝慶寺の寂円を訪ねてから、永平寺の義介のもとへ帰った。

瑩山が永平寺に帰った弘安《こうあん》八年（一二八五）、「三代相論」はいまだ解決していなかった。義介は争いを避けようと、正応《しょうおう》二年（一二八九）に加賀《かが》に移り、弟子である瑩山も行動を共にした。

義介は加賀国の守護大名・富樫《とがし》氏の帰依《きえ》を受けて大乗寺《だいじょうじ》（石川県金沢市）を開山した。大乗寺は加賀における最古の曹洞宗寺院である。

坐禅修行に励む瑩山に、さとりの扉が見えたのは大乗寺に移った年だった。しかし、そこから印可を得るまでには五年の月日を要したと伝えられる。

Q19

瑩山がさとりを開いたのはいつ？

太祖・瑩山

弘安八年（一二八五）のある日のこと、瑩山《けいざん》は『法華経《ほけきょう》』第十九法師功徳品《ほっしくどくほん》を読んでいたとき、「父母所生《ぶもしょしょう》の眼《げん》をもって悉《ことごと》く三千界《さんぜんかい》を見《み》ん」（父母から授かった自然のままの肉眼で、この世の現象に一貫する真実を見抜くことができる）という一節から、仏法の核心にふれた思いがした。

瑩山はすぐさま師・義介《ぎかい》の部屋に行き、自身の会得したことを話した。「自己を変じて万物となし、万物を変じて自己となす。清風と明月と依然として目前にあり」（自己と、万物の変容する真の性質は、不二《ふに》である。不二のものではあるが、有為転変《ういてんぺん》するはかない万物は、依然として目の前でそれぞれに真実を語っている）

これを聞いた義介は、瑩山の大悟《だいご》が近いことを感じつつも、さらに修行して研鑽《けんさん》するよう瑩山を励ました。

その後、瑩山は、阿波国海部郡《あわのくにかいふごおり》（現在の徳島県海部郡）の郡司《ぐんじ》に招かれて城万寺《じょうまんじ》（城満寺とも書く）の住職となる。そこでの四年間の間に七十人余りの在家者に戒を授けている。

そして永仁《えいにん》三年（一二九五）十月二十日、三十二歳になった瑩山に大悟のときが訪れた。

その日、法堂《はっとう》で「平常心是道《びょうじょうしんぜどう》」（平常心《へいじょうしん》が仏道である）という公案《こうあん》を題材にした義介の説法があった。これを聞いていた瑩山が「わかりました！」と叫んだので、義介が「どのようにわかったのか」と尋ねた。

「漆黒《しっこく》の玉が暗闇を走ります」

「いまひとつ腑《ふ》に落ちない。ほかの言葉でいってみなさい」

「平常心とは、お茶を出されたらありがたくお茶をいただき、食事を出されたらありがたく食事をいただくことです」

これを聞いた義介は、瑩山のさとりを認め、印可《いんか》を与えた。そして翌年（一二九六）一月、義介は嗣法《しほう》の証《あかし》として道元より相伝の袈裟《けさ》を瑩山に授けた。

Q20 永平寺三代をめぐる「三代相論」って何？

太祖・瑩山

「三代相論《さんだいそうろん》」とは、永平寺三世（住職）をめぐる道元の弟子たちの嗣法《しほう》争いのことである。永平寺三世となり、教団の発展を図ろうとする進歩派の義介《ぎかい》と、道元の時代の純粋な禅風を守ろうとする守旧派の義演《ぎえん》の対立とされ、およそ五十年にわたって続いたといわれる。そこには、道元の高弟たちの多くが日本達磨宗《にほんだるましゅう》から改宗した僧たちだったことが影響している。

話は戻るが建長《けんちょう》五年（一二五三）、道元は京都での病気療養を前にし、約二十年間そばで仕えていた懐奘《えじょう》に永平寺住職の座を譲った。その嗣法の証《あかし》として、懐奘に嗣《し》書《しょ》と手縫いの袈裟《けさ》を渡している。

また道元は、同じく高弟の一人である義介に、監寺《かんす》（住職に代わって禅院の運営を監督する重職）として永平寺を守るように命じた。義介はまだ開悟《かいご》していなかったが、道元は療養から帰ってくることができたなら印可《いんか》を与えると義介に告げた。そして義介に対して、とても努力家であることは認めるが、老心《ろうしん》（他人を思いやる心）に欠けていることを指摘したという。真面目な義介は、自分にも他人にも厳しい性格だったのだろう。

道元は再び永平寺に戻ることなく示寂《じじゃく》する。義介は永平寺二世となった懐奘のもとで研鑽《けんさん》を積み、印可を得た。また義介は、京都や鎌倉の禅宗寺院を視察し、入宋《にっそう》して禅院の伽藍《がらん》や清規《しんぎ》（生活規範）についても見聞をひろめた。

文永《ぶんえい》四年（一二六七）、義介は七十歳になった懐奘から永平寺住職の座を譲られる。この継承は、檀越《だんおつ》の波多野《はたの》氏の信任を得てのものだった。しかし、永平寺三世を継いだ義介は、曹洞宗の入門前に日本達磨宗三世の懐鑑《えかん》から四世を継ぐべく嗣法を受けていた。これが三代相論の火種となったのである。

義演は、義介に対して日本達磨宗の嗣法を受けた者が永平寺（曹洞宗）の嗣法を受けるのはいかがなものかと矛盾を指摘した。

義介は永平寺の伽藍整備を行うとともに、教団の発展のために布教の大衆化を図った。しかし、同じく日本達磨宗以来の兄弟弟子である義演は、道元の「只管打坐《しかんたざ》」の禅風を守りつづけることこそ最重要であるとして対立した。

三代相論は収まらず、文永《ぶんえい》九年（一二七二）に義介は退任を余儀なくされた。そして永平寺山内に養母堂《ようぼどう》を建てて、母を呼び寄せて静かに修行生活を始めた。

義介退任後、すでに七十五歳になっていた懐奘が再任した。融和型の懐奘の再任により論争が収まりかけた永平寺だったが、弘安《こうあん》三年（一二八〇）に懐奘が義介に後任を託して没すると論争が再燃した。

義介は、義演らとの対立を収束できず、正応《しょうおう》二年（一二八九）、永平寺をおりて加賀《かが》に大乗寺《だいじょうじ》を開いたのである。瑩山《けいざん》ら義介を慕う弟子たちの多くも大乗寺に移った。

義介が下山した永平寺は、義演が四世として住職に就く。ところが、檀越の波多野氏の支援を得られず、永平寺は急速に衰退する。義演は永平寺を去ったか、住職のまま没したかは定かではない。

正和《しょうわ》三年（一三一四）、寂円《じゃくえん》の弟子で宝慶寺《ほうきょうじ》二世となっていた義雲《ぎうん》が、衰退していた永平寺の五世となって中興を果たした。

如浄・道元・懐奘・義介・瑩山の遺品が収められた永光寺《ようこうじ》五老峰（石川県羽咋《はくい》市）。伝燈院には5老師の木像が安置されている（写真提供・永光寺）

　一方で、義介から道元以来の法灯を嗣《つ》いだ瑩山は、大乗寺二世となり、さらに永光寺《ようこうじ》（石川県羽咋《はくい》市）や總持寺《そうじじ》（石川県輪島市にある現在の總持寺祖院）を開くなどして教団の発展に努めた。また、法灯を守るために多くの優秀な弟子を育てていった。

　瑩山は最晩年になり、永光寺の山内に伝燈《でんとう》院《いん》と五老峰《ごろうほう》を建立する。ここには義介から伝えられた、道元の師である如浄《にょじょう》の語録、道元の遺骨、懐奘の血経《けつきょう》（血で記した経文）、義介が継いだ日本達磨宗の嗣書などすべてを埋葬した。そして、道元の嗣書と手縫いの袈裟のみを残した。これにより、日本達磨宗との訣別《けつべつ》と、道元の法灯の一元化を果たした。

Q21

瑩山が總持寺を開いたのは、いつ？

太祖・瑩山

瑩山《けいざん》が義介《ぎかい》から大乗寺《だいじょうじ》を継いだのは永仁《えいにん》六年（一二九八）、三十五歳のときといわれる。大乗寺二世となった瑩山は、自身が師資相承《ししそうじょう》の正法《しょうぼう》を嗣《つ》いでいることを明示するために、修行僧たちに『伝光録《でんこうろく》』を講義した。インドの釈迦《しゃか》から中国を経て日本の道元、懐奘《えじょう》へ至る歴代の祖師たちの言葉や伝記などを五十三回にわたって説き、それが講義録としてまとめられた。

延慶《えんきょう》二年（一三〇九）に師の義介が没し、三回忌を終えたばかりの瑩山は新寺建立を志し、弟子の明峰素哲《めいほうそてつ》がまだ若かったため、恭翁運良《きょうおううんりょう》に大乗寺を譲ったと伝わる。恭翁は瑩山に学び、臨済宗の心地覚心《しんちかくしん》の法灯を嗣いでいた。そして正和《しょうわ》元年（一三一二）、瑩山は能登国《のとのくに》の地頭《じとう》の酒匂《さかわ》氏の娘・祖忍尼《そにんに》とその夫から寺地の寄進を受け、永光寺《ようこうじ》の建立を始める。

永光寺の伽藍《がらん》整備は長期間にわたった。その途中の元亨《げんこう》元年（一三二一）、瑩山は夢告《むこく》を受ける。それは他宗派の寺院を譲られて禅宗寺院に改宗するという夢だった。時を同じくして、能登にある真言宗の諸嶽寺観音堂《しょがくじかんのんどう》の住職・定賢《じょうけん》は、瑩山に諸堂を譲る夢を見ていた。その奇縁で、諸嶽寺観音堂は瑩山に寄進された。

瑩山は、禅院とし「總持寺《そうじじ》」と改めた。この伝説は、總持寺に所蔵されている『観音堂縁起』（『總持寺中興縁起』ともいう）に記されている。

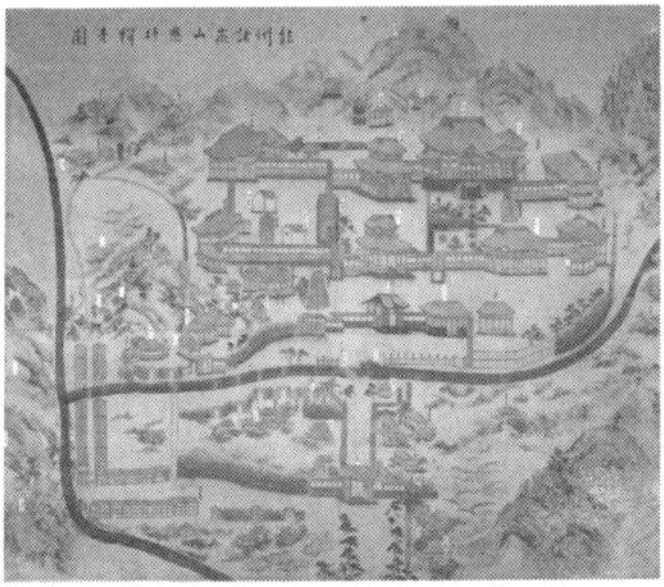

『能州諸嶽山總持禅寺図』（大本山總持寺蔵）。1743年以前の總持寺祖院（石川県輪島市）の境内と見られる

晩年の瑩山は、永光寺と總持寺の伽藍整備に追われた。その中で、前項で述べた伝燈院と五老峰を元亨三年（一三二三）に建立している。

正中《しょうちゅう》元年（一三二四）二月に永光寺の法堂《はっとう》が完成し、五月には總持寺に僧堂が開かれた。またこの頃、『瑩山清規《けいざんしんぎ》』を制定したといわれる。その年の七月、瑩山は弟子の峨山韶碩《がさんじょうせき》に總持寺を譲り、自身は永光寺に帰山した。

Q22 瑩山のもとで曹洞宗教団が大発展した理由は？

太祖・瑩山

永平寺は四世の義演《ぎえん》の代に衰退し、五世の義雲《ぎうん》が復興させた。しかし、かつての道元の時代のような活況を取り戻すまでには至らなかった。もちろん、それは道元が貫いた純粋な禅風を守り通そうとしたからにほかならない。

一方で、永平寺をおりた義介《ぎかい》の跡を継いで大乗寺二世となった瑩山《けいざん》は、次々と寺院を増やし曹洞宗教団を発展させていく。これもまた、道元が目指していた万民救済の具現化である。

瑩山が教線拡大を成功させた理由は、大きく二点が考えられる。一点は、禅の教えに加持祈禱《かじきとう》などの密教的要素を取り入れたこと。もう一つは、女性の出家者や信者を大切にしたことである。

瑩山は、青年時代の諸国遍歴の際に京都や紀伊《きい》で臨済《りんざい》僧に学んでいるが、彼らは皆、禅と密教を融合させた禅密兼修《ぜんみつけんしゅう》の臨済僧たちだった。そして瑩山は、諸国を行脚《あんぎゃ》している中で、加持祈禱や祭礼などの密教的要素が民衆に受け入れられやすいことを肌で感じていたのだろう。

また、瑩山の布教の中心となった加賀《かが》や能登《のと》半島は、山岳信仰（修験道《しゅげんどう》）が盛んな地域だった。そこでは密教と兼修しながら禅の教えをひろめるのが好都合だったのである。その典型的な例が、真言宗から曹洞宗に改宗した總持寺《そうじじ》だった。他宗派の僧侶や信者を吸収しながら教団の基盤を築いていったのである。この手法で弟子たちが各地で曹洞宗（總持寺教団）の教線を拡大した。

京都の興聖寺《こうしょうじ》時代の道元は、女性にも出家修行をすすめていたが、晩年は否定的だったともいわれる。一方で瑩山は、女人成道《にょにんじょうどう》（女性救済）をおおいに推進し、尼僧も積極的に住職に登用したといわれる。そもそも瑩山の祖母・明智《みょうち》は道元の俗弟子であり、観音信仰に篤《あつ》かった母も義介に師事して出家し、懐観大姉《えかんだいし》と称した。

瑩山を起点として初期の曹洞宗が発展する過程で、尼僧や女性の信者が大きな役割を担っていたのである。

もっと知りたい曹洞宗①

本当の禅を思い知らされた中国の老典座との出会い

貞応《じょうおう》2年（1223）春、24歳の道元は中国・宋の寧《ニン》波《ポー》港に着いた。だが上陸を許されるまで約3カ月間、船に留め置かれた。そこで道元は、禅修行のあり方について深く考えさせられる出会いをしたのである。

道元を乗せた船に阿育王山《あいくおうざん》の典座《てんぞ》（食事の責任者。104ページ参照）が日本の干椎茸《ほししいたけ》を求めてやってきた。60歳を過ぎた老僧である。道元は、その老典座を引き留めて中国の仏教の話を聞いているうちにすっかりうちとけ、宿泊してもっと話を聞かせてほしいと誘った。しかし老典座は、阿育王山までは遠いので明日の食事を作るために椎茸を持ってもう帰らなければならないという。

道元は「あなたほどの方が食事の用意などせずとも、若い僧にまかせておけばいいではないですか」と、なおも慰留した。すると老典座は「あなたは修行とは何であるかをおわかりではない。しかし、あなたなら、きっとわかる日が来るだろう」と言い残して帰っていった。

道元はこの老典座から、坐禅や典籍を読むことだけでなく、食事の用意をはじめ、日常生活のすべてが仏道修行の実践であることを教えられたのである。

第2章

身近な曹洞宗とその特徴

早わかり曹洞宗❷

檀信徒の基礎知識

仏教は、釈迦《しやか》の教えをどう理解し人々を救うかという視点の違いから多くの宗派に分かれている。そのため、よりどころとする本尊、お経、おつとめの作法、修行方法などが異なっている。

道元が日本に伝えた曹洞宗は、インドに始まり中国に伝わって発展した禅の流れをくんでいる。道元は、それを日本の人々に正しく伝えるために膨大な著作を残した。そこには、僧侶はもちろん、在家信者にも役立つ坐禅作法から生活規範、供養の方法などが盛り込まれている。しかし、道元が伝えたかったことは、ただ一点に尽きる。

「坐禅をしているときと同じ状態で日々を過ごすことができれば、いつも自分が仏でいられる」——つまり、日常生活のすべてが禅であるということだ。

曹洞宗では、食事、そして炊事などの作務《さむ》を禅修行の大きな柱に据えている。

道元は『典座教訓《てんぞきようくん》』『赴粥飯法《ふしゆくはんぽう》』という調理や食事の心得・作法のテキストを著し、細かく指導している。食事は身を養うだけでなく、心も養うのである。著書には、中国・宋《そう》での修行時代に老典座《てんぞ》（禅院の食事の責任者）に「食即禅」を教えられた教訓なども紹介されている。

もちろん、日常のおつとめや仏事、寺院の行事などで仏前に手を合わせるときも、坐禅と同じ気持ちで行うのが基本とされる。

曹洞宗のよりどころとなる本尊は釈迦牟尼仏《しやかむにぶつ》（釈迦如来《しやかにょらい》）である。しかし本尊にこだわりはない。曹洞宗が全国にひろまる過程で他宗派の寺院を改宗するとき、その寺院でまつられていた仏尊をそのまま本尊としたからだ。

おつとめで読むお経についても、とくにこだわりはない。曹洞宗の宗典は『修証義《しゆしようぎ》』である。よく読まれるお経は『般若心経《はんにやしんぎよう》』『法華経《ほけきよう》』『観音経《かんのんぎよう》』（『法華経』第二十五普門品《ふもんぼん》）『大悲心陀羅尼《だいひしんだらに》』（『大悲呪《だいひしゆう》』ともいう）などである。

どの仏に手を合わせるか、どんなお経を読むかより、ひたすら物ごとにうちこむのが曹洞宗の特徴である。

Q1 曹洞宗では本尊として諸仏諸尊をまつるのは、なぜ？

曹洞宗の本尊は、仏教の開祖である釈迦牟尼仏《しゃかむにぶつ》を基本としている。なぜなら、古代インドに生まれた釈迦族のゴータマ・シッダルタが、人生の問題として「苦しみ」を見つめ、菩提樹《ぼだいじゅ》の下で坐禅を組んで瞑想《めいそう》し、「縁起」や「無常」という真理に目覚めたことがまさしく仏教の原点であると考えるからだ。

「釈迦」は釈迦族を意味し、「牟尼」とは聖者《しょうじゃ》を表す。「仏」とは真理に目覚めた者、正式には「仏陀《ぶつだ》」という。また、真理の世界からこの世に来た者という意味で「如来《にょらい》」とも呼ばれる。

釈迦が説いた仏教の教えは、自己のみのさとりを目的にするのではなく、すべての人間の平等な救済と成仏《じょうぶつ》を説く大乗仏教に発展した。大乗仏教の一つである曹洞宗では、とくに「一切衆生悉有仏性《いっさいしゅじょうしつうぶっしょう》」（命ある者は悉《ことごと》く、生まれながらに仏となれる可能性・性質を備えていること）を大前提としている。そのため、あらゆるものを仏と見、それぞれの寺院では縁によって釈迦牟尼仏以外の諸仏諸尊を本尊としている。「菩薩《ぼさつ》」とは、仏陀となるためにさとりを求めて修行する者をいうが、さとりを開いたのちもこの世に留《とど》まり人々を救いつづける者という意味もある。

禅宗寺院では、仏殿の本尊の一つのタイプは、釈迦牟尼仏を中心に阿弥陀仏《あみだぶつ》と弥勒《みろく》菩薩《ぼさつ》（弥勒仏《みろくぶつ》）を脇侍《わきじ》としている。これは「三世仏《さんぜぶつ》」といって、この世に現れた釈迦、それ以前から人々を救いつづけている阿弥陀仏、そして弥勒菩薩は釈迦入滅《にゅうめつ》から五十六億七千万年後の未来に仏となってこの世にくだり、人々を救うといわれている。

もう一つのタイプの仏殿の本尊は、釈迦牟尼仏と、弟子として歴史上存在した摩訶《まか》迦葉《かしょう》と阿難陀《あなんだ》を脇侍として配する「三尊仏《さんぞんぶつ》」である。

なお、釈迦牟尼仏の脇侍が、仏の智慧《ちえ》を象徴する獅子《しし》に乗った文殊菩薩《もんじゅぼさつ》と、足を組み合掌《がっしょう》した姿で白象《びゃくぞう》の背に乗る普賢菩薩《ふげんぼさつ》であれば、「智行不二《ちぎょうふに》」を示す一体仏である。

このほか、仏の慈悲を象徴する観音菩薩《かんのんぼさつ》（観世音菩薩《かんぜおんぼさつ》・観自在菩薩《かんじざいぼさつ》）や僧形《そうぎょう》の地蔵菩薩《じぞうぼさつ》などを本尊としてまつることもある。

Q2

曹洞宗がよりどころとするお経は？

本尊とお経

曹洞宗ほか禅宗では、特定の経典をよりどころとすることをしない。禅宗とは、数ある仏道修行の中で「坐禅」を根本とする宗派だからだ。

出家した釈迦《しやか》は、三十五歳の十二月八日の朝、菩提樹《ぼだいじゆ》の下で坐禅を組み瞑想《めいそう》中に明《あけ》の明星《みようじよう》を見て「涅槃寂静《ねはんじやくじよう》」を体現した。涅槃とは、仏の智慧《ちえ》が完成したさとりの境地である。それは、いっさいの悩みや束縛から脱した静寂な世界だ。

曹洞宗では、坐禅の実践によって得られる身と心のやすらぎを仏の境地と考える。曹洞宗の開祖・道元は、坐禅を、さとりを開くための手段ではなく、寂静のさとりを実現しているのが「只管打坐《しかんたざ》」だから、ただひたすら坐禅することを説いたのである。

それぞれが体現するさとりの境地は、言葉にして伝えようとしても伝えきれない。また、経典は読む側の人間によって、生きた教えともなり、逆に迷いの根源ともなる。

したがって仏法は師僧から弟子へ以心伝心《いしんでんしん》で伝えられるものとして、次のような「拈華微笑《ねんげみしょう》」の説話がある。

釈迦の説法を聞こうと、霊鷲山《りょうじゅせん》に多くの弟子や信者が集まっていた。ところが釈迦は何も語らず、一本の花をひねってみせただけだった。皆、釈迦の真意がわからなかったが、摩訶迦葉《まかかしょう》ただ一人がにっこりと微笑《ほほえ》み返した。すると釈迦は「吾《われ》に正法眼蔵涅槃妙心《しょうぼうげんぞうねはんみょうしん》、実相無相微妙《じっそうむそうみみょう》の法門あり、不立文字《ふりゅうもんじ》、教外別伝《きょうげべつでん》なり、摩訶迦葉に付嘱《ふしょく》す」と述べたという。

「正法眼蔵」とは、釈迦が説く正しい仏法を意味する。それは深遠なもので、文字で伝えることは不可能であり、経典の外にあるものだが、摩訶迦葉にはその正しい教えが伝わっているといったわけである。

では、禅宗では経典をいっさい読まないかというと、他宗以上に経典を読み、祖師の語録が多く残されている。曹洞宗の宗典は、道元の著書『正法眼蔵《しょうぼうげんぞう》』と瑩山《けいざん》の説法録『伝光録《でんこうろく》』である。檀信徒《だんしんと》（在家信者）の日常のおつとめとしてよく読まれるのは『修証義《しゅしょうぎ》』『般若心経《はんにゃしんぎょう》』『観音経《かんのんぎょう》』（『法華経《ほけきょう》』第二十五普門品《ふもんぼん》）などである。

Q3 『修証義』や『般若心経』には何が書かれているの？

『修証義《しゅしょうぎ》』は、道元の著書『正法眼蔵《しょうぼうげんぞう》』から言葉を選び、道元の教えを檀信徒《だんしんと》にわかりやすくまとめたものである。

明治二十三年（一八九〇）、大本山永平寺貫首《かんしゅ》・滝谷琢宗《たきやたくしゅう》と大本山總持寺《そうじじ》貫首・畔上楳仙《あぜがみばいせん》によって『曹洞教会《きょうかい》修証義』として公布された。もとになったのは、曹洞宗僧侶から在家主義を主張して還俗《げんぞく》した仏教学者の大内青巒《おおうちせいらん》らが刊行した『洞上《とうじょう》在家修証義』である。

『修証義』は、第一章 総序、第二章 懺悔滅罪《さんげめつざい》、第三章 受戒入位《じゅかいにゅうい》、第四章 発願利生《ほつがんりしょう》、第五章 行持報恩《ぎょうじほうおん》の全五章からなっている。

総序は「生《しょう》を明《あき》らめ死を明らむるは仏家《ぶっけ》一大事の因縁《いんねん》なり」という言葉に始まる。これは「生まれたら必ず死んでいかねばならないという、命ある者の宿命を明らかにすることが仏教徒として大事であり、この現実を正しくとらえなさい」と説いているのである。そして、これまでの自分のあり方を反省し、仏教徒として他者のために働くこと（利他）を自覚し、仏法に出合えたことへの報恩感謝の気持ちを忘れずに日々過ごしていこうというのが『修証義』の内容だ。

『般若心経《はんにゃしんぎょう》』は、わずか二百六十二文字の短いお経だ。正式には『摩訶般若波羅蜜《まかはんにゃはらみっ》多心経《たしんぎょう》』といい、浄土真宗と日蓮宗を除く仏教各宗派でよくとなえられている。

「色即是空《しきそくぜくう》　空即是色《くうそくぜしき》」という経文に象徴されるように「実在するものは絶えず変化し、絶対不変なものは何一つない」という深遠なる〝空《くう》〟の思想を説いている。この何ものにもとらわれないさとりの境地に至る智慧《ちえ》を「般若」という。つまり、経題は「大いなる（摩訶）、智慧（般若）の完成（波羅蜜多）」を意味している。

『般若心経』は、六百巻にもなる『大般若経』の要点を抜粋したもので、中国・唐《とう》時代の僧、玄奘《げんじょう》（六〇二〜六六四）が漢訳したと考えられている。般若経典はこのほかに鳩摩羅什《くまらじゅう》（三四四〜四一三）が訳した『摩訶般若波羅蜜大明呪経《まかはんにゃはらみつだいみょうしゅきょう》』など数種類がある。

諸尊

Q4 「だるまさん」が禅宗の祖師ってホント？

「だるまさん」といえば、丸くて赤い張り子の縁起物として親しまれている。そのモデルとなったのは、中国禅宗の初祖・菩提達磨《ぼだいだるま》（達磨大師、生没年不詳）である。

達磨は五世紀末、インドの王子として生まれ、出家して釈迦《しゃか》の教えを受け継ぐ二十八代目の祖師となり、中国へ渡った。嵩山《すうざん》の少林寺《しょうりんじ》で壁に向かって九年間、坐禅を行ったため手足がなくなってしまったという伝説がある。その不撓不屈《ふとうふくつ》の精神から、七転八起《しちてんはっき》のだるまの置物が作られるようになったのである。

達磨は、仏教を篤《あつ》く信仰する梁《りょう》の国の武帝《ぶてい》に迎えられ、「自分はかぞえきれないほどの寺院を建て写経をしてきたが、どれほど大きな功徳《くどく》があるか」と問われて「功徳はない」と答えた。そして武帝のもとを去り、少林寺に入ったとされる。

また、ひとり黙々と坐禅を続ける達磨に神光慧可《じんこうえか》（四八七～五九三）が入門を申し込むが許されず、ひじを切断して決意が固いことを示した話が有名だ。こうして慧可はようやく達磨の弟子となり、厳しい修行ののち、中国禅宗の二祖となった。

その教えは、達磨からかぞえて六代目の大鑑慧能《だいかんえのう》（六三八〜七一三）によって大成され、「五家七宗《ごけしちしゅう》」と呼ばれた。そして、中国で学び日本に臨済宗を伝えた栄西《えいさい》、曹洞宗を伝えた道元も、慧能の「南宗禅」の流れをくんでいる（182・183ページ参照）。

達磨が武帝に「功徳はない」といったのは、損得ではないということだ。禅とは無心に徹することであり、「無」という功徳こそ生きたさとりだからだ。

慧能の南宗禅は達磨の教えどおり、経典からではなく、じかにさとりを得る「頓悟《とんご》禅」である。だから禅宗寺院では達磨を「禅宗の祖師」と仰ぎ、達磨の姿を描いた掛軸をまつるのである。

ちなみに「曹洞宗」という宗名の由来は、南宗禅の大鑑慧能がいた曹渓山《そうけいざん》と、中国曹洞宗初祖の洞山良价《とうざんりょうかい》の頭文字からとったものと伝わる。しかし道元は、自分が中国で学んだ禅は釈迦から正しく伝わる仏教そのものと考えていたため、曹洞宗と呼ばれるようになったのは、両祖のもう一人、瑩山《けいざん》の頃からのようだ。

Q5

十六羅漢や五百羅漢などをまつるのは、なぜ？

諸尊

禅宗では、仏・菩薩《ぼさつ》以外にも羅漢《らかん》などをまつっている寺院が多い。たとえば大本山永平寺の山門楼上《ろうじよう》（二階部分）には、釈迦牟尼仏《しやかむにぶつ》と、その弟子の摩訶迦葉《まかかしよう》・阿難陀《あなんだ》の三尊仏《さんぞんぶつ》を中心に、十六羅漢や五百羅漢などがまつられている。

羅漢とは「阿羅漢《あらかん》」の略で、修行が完成した者を指す。そして、釈迦の命《めい》を受けて仏法を護持し人々をさとりへ導くことを誓った十六人の仏弟子を「十六羅漢」と呼んでいる。「五百羅漢」は、釈迦の入滅《にゆうめつ》後、その教えを確かめる会議（結集《けつじゆう》）のときに集まった五百人の聖者《しようじや》といわれ、宗派を問わず境内に五百羅漢をまつる寺院も多い。

羅漢信仰が盛んになったのは宋《そう》時代になってからである。ことに禅宗の興隆とともに護法と仏道修行の安泰を願って山門楼上や境内に羅漢像を安置するようになった。入宋《につそう》した道元も『羅漢供養講式文《らかんくようこうしきもん》』を著すなど、羅漢を重んじている。

また、大本山總持寺《そうじじ》の三門楼上には「放光菩薩《ほうこうぼさつ》」を中心に、十六羅漢と仏教の守護神である四天王がまつられている。ちなみに三門は山門のこと（86ページ参照）。放光菩薩とは、観音菩薩《かんのんぼさつ》と地蔵菩薩《じぞうぼさつ》のことで、總持寺開創時に由来するものだ。瑩山《けいざん》が能登《のと》の諸嶽寺《しょがくじ》観音堂を禅宗寺院に改め總持寺を開いたとき、山門楼上にこの二菩薩が安置されていた。瑩山自筆の『観音堂縁起』には、二菩薩は常に光明《こうみょう》を放ち、人々の信仰を集めたので「放光菩薩」と称すると書かれている。

曹洞宗の寺院に観音菩薩や地蔵菩薩をまつっているところが多いのは、観音信仰や地蔵信仰の古い寺院を、瑩山の弟子たちが禅宗に改宗していったためといえる。

Q6 曹洞宗の三大祈禱寺の由来を教えて？

諸尊

曹洞宗は、禅宗以前の古い寺院を吸収して拡大してきたため、さまざまな信仰を今に伝えている。中でも龍王尊《りゆうおうそん》信仰の善寳寺《ぜんぽうじ》（山形県鶴岡市）、道了尊《どうりようそん》をまつる最乗寺《さいじよう じ》（神奈川県南足柄市《みなみあしがら》）、通称「豊川稲荷《いなり》」の妙厳寺《みようごんじ》（愛知県豊川市）が三大祈禱寺《きとう じ》として知られている。また、いずれも僧侶育成の専門僧堂を有する由緒寺院だ。

善寳寺は、平安時代の高僧が現在地に草庵《そうあん》を結び、『法華経《ほけきよう》』をとなえたところ二《に》龍《りゆう》が現れたため「龍華寺《りゆうげじ》」としたのが始まりとされる。その後、瑩山《けいざん》の弟子の峨山《がさん》が訪れた際にも二龍が現れ、室町時代に寺院を復興すると三度、二龍が現れたため曹洞宗の寺院に改められた。そして江戸時代の北廻《きたまわ》り航路の発展とともに海の守護神として龍王尊の信仰がひろまり、全国の漁業関係者より絶大な信頼を得ている。

最乗寺は、瑩山—峨山—通幻《つうげん》の流れをくむ了庵慧明《りようあんえみよう》によって室町時代に開かれた。

そのとき、修験者の最高位だった道了が三井寺《みいでら》（現在の滋賀県大津市・天台寺門宗《てんだいじもんしゅう》総本山園城寺《おんじょうじ》）から空を飛んで助けにきて五百人力を発揮し、わずか一年で完成させた。そして了庵没後、道了は大雄山《だいゆうざん》（最乗寺）の守護神となることを宣言し、白狐《びゃっこ》の背に立ち烏天狗《からすてんぐ》となって山中に消えたという。以後、所願成就の道了尊（道了大薩埵《どうりょうだいさった》）として信仰されている。なお「薩埵」とは、菩薩《ぼさつ》の意味である。

妙厳寺にまつられている豊川稲荷は、正式には「豊川吒枳尼真天《とよかわだきにしんてん》」といって、白狐に乗り稲穂を荷《にな》った女神である。これは、道元と懐奘《えじょう》に学んだ寒巌義尹《かんがんぎいん》が護法の守護神として刻んだものとされ、義尹から六代目の弟子の義易《ぎえき》が戦国時代に今川氏の帰依《きえ》を受けて妙厳寺を開き、鎮守神《ちんじゅしん》としてまつった。義尹は二度入宋《にっそう》しており、二度目の帰国の際に海上に現れた女神に護法の真言《しんごん》（仏・菩薩の真実の言葉）を与えられたという。豊川稲荷は、北海道、東京、神奈川、大阪、福岡に別院がある。

また、妙厳寺と並び東海道に専門僧堂を持つ可睡斎《かすいさい》（静岡県袋井市）は、「秋葉《あきは》総本殿」と呼ばれる火防《ひぶせ》の霊場である。可睡斎は室町時代の創建で「東陽軒」といったが、徳川家康の言葉を受けて改称されたという。それは浜松城主となった家康が、幼い頃に自分と父を戦乱の中から救い出してくれた十一代住職を招いて旧恩を謝したとき、居眠りをする住職に「和尚《おしょう》、眠るべし」といった言葉である。可睡斎は江戸時代、東海四カ国の僧録司《そうろくす》として約二千五百の曹洞宗寺院を管理していた。

可睡斎の秋葉総本殿にまつられている秋葉三尺坊大権現《あきはさんじゃくぼうだいごんげん》は、静岡県浜松市の秋葉山より明治六年（一八七三）に遷座《せんざ》されたものだ。神仏分離令により秋葉《あきは》神社が独立したためだが、もとの地にも明治十三年（一八八〇）に秋葉寺《しゅうようじ》が再建されている。

秋葉三尺坊大権現は、白狐の背に立つ烏天狗の姿をした火防《ひぶせ》の神だ。三尺坊は今から千三百年前、越後蔵王《えちござおう》権現堂十二坊の一つで厳しい修行を積み神通力を得て、人々のために火防の霊場を開いたといわれている。太平の世が続いた江戸時代には火事が最も恐れられ、秋葉山の賑《にぎ》わいは伊勢参《いせまい》りをしのぐほどだったという。

ちなみに烏天狗は、インド神話に登場する神鳥ガルダをイメージさせることから迦《か》樓羅天《るらてん》とされる。迦樓羅天は仏教を守護する八部衆《はちぶしゅう》の一つで、本地《ほんじ》（本来の姿）は観《かん》音菩薩《のんぼさつ》といわれる。明治時代に神仏分離令が出されるまでは、外来の仏教と日本古来の神の信仰を融合させるため「神仏習合」といって、こうした本地垂迹《ほんじすいじゃく》説（仏・菩

薩が人々を救うため、仮に日本の神の姿となって現れること）が多く語られてきた。

そもそも道元が永平寺を開いた一帯は、越前《えちぜん》・加賀《かが》・美濃《みの》にまたがる白山《はくさん》信仰の篤《あつ》い地域であり、瑩山は著書『洞谷記《とうこくき》』の中で「白山の氏子《うじこ》」を名のっている。また、永平寺では白山妙理大権現《はくさんみょうりだいごんげん》を鎮守神としており、毎年夏、永平寺の僧侶が白山に参詣し奥宮の前で『般若心経《はんにゃしんぎょう》』をとなえる。

可睡斎《かすいさい》（静岡県袋井市）の御真殿（上）とそのお札（写真提供・可睡斎）

Q7

禅宗の七堂伽藍って何？

寺院

七堂伽藍《しちどうがらん》とは、寺院の主要な七つの建物をいう。時代や宗派によって異なり、禅宗では、山門（三門）・仏殿・法堂《はっとう》・僧堂・庫院《くいん》・東司《とうす》・浴室を指す。

「伽藍」は梵語《ぼんご》（古代インドのサンスクリット語）のサンガラーマを漢語で音写した「僧伽藍摩《そうがらんま》」の略で、僧たちが集まり住んで仏道修行をする清浄な場所、つまり僧院を意味する。七堂は「悉堂《しつどう》」が転訛《てんか》したもので、必要なお堂が完備していることを示している。日本に初めて寺院が建てられた飛鳥《あすか》～奈良時代には、仏舎利《ぶつしゃり》（釈迦《しゃか》の遺骨）をまつる仏塔、本尊をまつる金堂《こんどう》、僧侶の勉学の場である講堂が伽藍の中心だった。

平安時代には比叡山や高野山のように山岳寺院となり、正門を「山門」と呼ぶようになる。「三門」と書くようになったのは鎌倉時代に禅宗が伝わってからのことだ。境内を涅槃《ねはん》（さとりの世界）として、そこに至る「三解脱門《さんげだつもん》」の意味からである。

● 大本山永平寺の七堂伽藍

禅宗の七堂伽藍の中心に位置する仏殿は本尊をまつる殿堂《でんどう》で、大本山永平寺では「覚王《かくおう》宝殿」、大本山總持寺《そうじじ》では「大雄《だいゆう》宝殿」とも呼ばれる。「覚王」も「大雄」も釈《しゃ》迦牟尼仏《かむにぶつ》を示している。仏殿の後方には、住職（住持《じゅうじ》）が仏法を説く法堂がある。朝昼晩の勤行《ごんぎょう》のほか種々の儀式法要が行われる。

僧堂は、修行僧たちの坐禅修行の場であり、食事・睡眠をとる生活の場でもある。修行僧を雲水《うんすい》と呼ぶことから「雲堂《うんどう》」、仏祖（仏法を体得した優れた禅僧）を選出する道場の意味から「選仏堂」ともいわれる。僧堂に向かい合って建つ庫院は「庫裡《くり》」とも呼ばれ、寺院の台所。東司は厠《かわや》（便所）である。禅宗では生活のすべてを禅修行ととらえるため、七堂伽藍に庫院・東司・浴室までが含まれるのである。

Q8 「三黙道場」って、どういう意味？

禅修行

禅宗では、僧堂・東司《とうす》・浴室を「三黙道場《さんもくどうじょう》」と呼び、大切な修行の場としている。ここでは、いっさい口をきくことを許されない。それはまた、大勢の修行僧が一同に生活するための心得でもある。

修行僧たちの生活の中心となる僧堂には通常、智慧《ちえ》の象徴である文殊菩薩《もんじゅぼさつ》がまつられ、「聖僧《しょうそう》」と呼ばれている。僧堂では「単《たん》」と呼ばれる畳一畳分が一人の修行僧の場所となる。寝具は単に備え付けの函櫃《かんき》の中にある。単の縁は板敷きになっており、「牀縁《しょうえん》」という。ここは、袈裟《けさ》を置き、食事の際は鉢盂《ほう》（応量器《おうりょうき》ともいう）を並べ、就寝時は枕を置くところだ。そのため「浄縁《じょうえん》」ともいい、単に上がるときも坐禅をするときも足をかけない。食事や坐禅の作法は別項（98、100、104ページ参照）で説明するが、偈文《げもん》（経文）をとなえる以外は無言で、すべて合図にしたがって行動する。

東司はもとは伽藍の東西にあり、「西司《せいす》」「西浄《せいちん》」「東浄《とうちん》」ともいわれていた。東司には、火によっていっさいを浄化する烏芻沙摩明王《うすさまみようおう》がまつられている。禅院ではトイレの使い方にも作法があり、烏芻沙摩明王に礼拝《らいはい》してから入る。道元は『正法眼《しようぼうげん》蔵《ぞう》』洗浄の巻に「身心《しんじん》これ不染汚《ふぜんな》なれども、浄身《じようしん》の法あり、浄心《じようしん》の法あり、ただ身心をきよむるのみにあらず」と書いている。「不染汚」とは、きれい・汚い、良い・悪いなどといった観念に染まる以前の姿という意味だ。浄化とは、まっさらな本来の姿に戻すことである。

浴室には、跋陀婆羅菩薩《ばつだばらぼさつ》がまつられている。『首楞厳経《しゆりようごんきよう》』に跋陀婆羅菩薩は風呂《ふろ》の供養を受けた際、水によってさとりを開いたと記されていることからである。入浴は日にちが決められており、住職以下順次入浴する。

入浴の前後には次の偈文をとなえ、跋陀婆羅菩薩に礼拝する。

「沐浴身体《もくよくしんたい》　当願衆生《とうがんしゆじよう》　身心無垢《しんじんむく》　内外皎潔《ないげこうけつ》」（入浴することで身も心も垢《あか》を落とし、自他ともに清潔でありたいと願う）

入浴中も、後から入る人のことを考えて清潔に使うよう作法が定められている。

Q9

修行僧（雲水）は日常のすべてが修行？

禅修行

修行僧を「雲水《うんすい》」と呼ぶのは、「雲の如《ごと》く定まれる住処《すみか》もなく、水の如く流れゆきて、よる処《ところ》もなきをこそ僧とは云《い》ふなり」（『正法眼蔵随聞記《しょうぼうげんぞうずいもんき》』第五）とあるように、本来、正法を求めて諸国の師を訪ね行脚《あんぎゃ》する僧のことである。

インドでは雨季が三カ月も続くため、僧侶は小さな虫を踏みつぶしたりしないように、その期間のみ一カ所に集まって坐禅修行をしていたが、中国に禅宗が伝わると修行僧たちは禅院に定住して集団生活を送るようになった。そのため生活規範が必要となり、インド時代の『三千威儀経《さんぜんいぎきょう》』や規律をもとに、百丈懐海《ひゃくじょうえかい》（七四九〜八一四）は、中国の風土や習慣に合わせて『百丈清規《ひゃくじょうしんぎ》』を新たに制定した。その後、日本の禅宗各派でも独自の規範が作られ、曹洞宗では道元制定の『永平大清規』、瑩山《けいざん》制定の『瑩山清規』をはじめ、現在の『曹洞宗行持軌範《ぎょうじきはん》』に至っている。

行脚の雲水が僧堂に滞在し修行することを「掛搭《かた》」といい、新しく上山《じょうざん》した者は「新到《しんとう》」と呼ばれる。正式に修行を許された雲水は僧堂に入る。集団生活を送る同参・同学の修行僧たちは〝仏祖の兄弟《ひんでい》〟として「雲兄水弟《うんぴんすいてい》」という言葉もある。また、それぞれ役割を分担し、禅院の機能が保たれている。無役の僧侶はいない。

中国や日本では、夏安居《げあんご》（四月中旬〜七月中旬）、冬安居《とうあんご》（十月中旬〜一月中旬）として一日四回坐禅を行う「四時《しじ》坐禅」の期間を設けている（93ページ表参照）。通常は早晨《そうしん》坐禅を省略して「三時坐禅」となる。

修行僧は起床後、洗面し、暁天《きょうてん》坐禅（正しくは「後夜《ごや》坐禅」という）に入る。道元は『正法眼蔵』洗面の巻に洗面・歯磨きの大切さを説き、また一滴の水も無駄にしないよう作法を細かく記している。坐禅後、法堂《はっとう》で朝の勤行《ごんぎょう》（「朝課諷経《ちょうかふぎん》」という）。朝食は「小食《しょうじき》」と呼ばれ、粥《かゆ》をいただく。その後、「作務《さむ》」として一同で庭や諸堂の清掃を行う。これが毎朝の日課である。

勤行は「三時諷経」といって朝課・日中・晩課の一日三回行われる。誦経《ずきょう》（読経）の際は、自分だけ大きな声や甲《かん》高い声を出したりせず、皆の声がそろって一つの響きとなるよう心がける。それは他の修行であっても同様だ。皆が一体になって同行に励む「大衆一如《だいしゆいちによ》」は修行の基本である。

食事は正式には「斎《さい》」といって、中食《ちゆうじき》（昼食）だけである。釈迦《しやか》の時代、僧侶は午後から翌朝までの食事を禁止されていたためで、それ以外の食事は「非時食《ひじしき》」という。その後、冬の夜の寒さをしのぐために軽い食事が出されるようになる。昔は夕食に代わり温めた石を懐《ふところ》に入れて体を温めたことから、夕食を「薬石《やくせき》」と呼ぶ。

通常時の日課は、托鉢《たくはつ》や法要、講義聴講、草むしりなど時によってさまざまである。山深い禅院では薪《まき》拾いや除雪の作業が欠かせず、「山作務《やまざむ》」「雪作務《ゆきざむ》」と呼ばれている。ちなみに「普請《ふしん》」も作務からできた言葉だ。

托鉢は「乞食行《こつじきぎよう》」ともいって、自ら食を乞《こ》うことである。釈迦の時代から最も大事な修行とされてきた。托鉢の日は厳冬の雪の日でも真夏のどんなに暑い日でも、網《あ》代笠《じろがさ》に手甲脚絆《てつこうきやはん》姿で左手に鉢盂《ほう》（応量器《おうりようき》）を持ち、お経をとなえながら家々をめぐる。

仏典や祖録《そろく》の講義を受けるのも大事な修行の一つである。その中には、仏弟子としての日常の心がけについても説かれている。

百丈懐海の「一日作《な》さざれば一日食《く》らわず」という言葉がある。これは「働かざる者、食うべからず」の意味ではない。八十歳の高齢になっても日々作務を続ける百丈の身を案じて、弟子たちが道具を隠してしまった。百丈は作務ができず、その日は食事をとらなかった。それが三日も続き、弟子たちが理由を尋《たず》ねたときの答えである。つまり食事も作務も、たんに生きるためではなく、仏の道を実証するためのものだということだ。何を行うにしても、坐禅と同じくひたすら行い、その一挙手一投足のすべてが尊い仏道修行とされる。

● 修行僧の一日

（夏安居［4月中旬～7月中旬］の一例）

3時半	振鈴《しんれい》（起床） 暁天《きょうてん》坐禅
4時半	朝課《ちょうか》諷経《ふぎん》（勤行）
7時	小食《しょうじき》（朝食）
8時	粥罷《しゅくはい》作務《さむ》 （掃除などの作業）
9時	早晨《そうしん》法益《ほうやく》（聴講）
10時	早晨《そうしん》坐禅
11時	日中《につちゅう》諷経《ふぎん》（勤行）
12時	中食《ちゅうじき》（昼食）
13時	斎罷《さいはい》看読《かんどく》（自習）
14時	斎罷《さいはい》法益《ほうやく》（聴講）
15時	日天《につてん》作務《さむ》 （掃除などの作業）
16時	哺時《ほじ》坐禅
17時	晩課《ばんか》諷経《ふぎん》（勤行）
18時	薬石《やくせき》（夕食）
19時	法話・提唱など
20時	黄昏《こうこん》坐禅（夜坐《やざ》）
21時	開枕《かいちん》（就寝）

禅修行

Q10 修行僧の毎月の行持（行事）を教えて？

両大本山から専門僧堂、各寺院に至るまでの恒例行持《ぎょうじ》として、『曹洞宗行持軌範《ぎょうじきはん》』には月分行持《げつぶんぎょうじ》（毎月行うこと）も定められている。一般には「行事」と書くが、禅院では仏道修行として、また仏道を護持していくために行う意味で「行持」と書く。

一日と十五日には、朝課諷経《ちょうかふぎん》の前に仏殿で「祝寿諷経《しゅくとうふぎん》」などが行われる。祝寿諷経とは、国家と世界の平安を祈り、『般若心経』をとなえることである。朝課諷経の後は、「小参《しょうさん》」といって修行僧が師僧に自らの疑問を投げかける日となっている。いわゆる禅問答であり、師僧から教示を得てさらに修行に励むわけだ。

三と八が付く日は「僧堂念誦《ねんじゅ》」（「三八念誦《さんぱち》」ともいう）が行われる。晩課諷経の後、僧堂で『十仏名《じゅうぶつみょう》』をとなえ、仏（仏陀《ぶつだ》）・法（仏法＝仏陀の教え）・僧（仏道修行に励む仲間）の三宝《さんぼう》を篤《あつ》く敬い、仏弟子としての自覚を促すのである。

四と九の付く日は「四九日《しくにち》」といって、「浄髪《じょうはつ》」と「開浴」の日である。曹洞宗では出家の際に髪を剃《そ》ることを「剃髪《ていはつ》」、その後定期的に髪を剃ることを「浄髪」としている。開浴とは、入浴のこと。古来、暑い時期には毎日入浴したことから、四九日以外の入浴は「淋汗《りんかん》」と呼ばれる。四九日はいわば修行の休日であり、修行僧は身の回りのことを行う。

十五日と晦日《みそか》（三十日または三十一日）は「略布薩《りやくふさつ》」の日である。釈迦《しやか》の時代から、出家して戒律を受けた僧たちが新月と満月の日に集まって罪過を懺悔《さんげ》し戒律を確認することを「布薩」といった。そこから略式の布薩会《ふさつえ》を略布薩という。

略布薩は、住職を戒師とし、修行僧たちが僧侶として半月間の自らの行いを反省し告白し、教えに従う儀式だ。『四弘誓願《しぐせいがん》』や『梵網経《ぼんもうきよう》』『懺悔文《さんげもん》』をとなえ、仏前に礼拝《らいはい》する。また年一回、「大布薩」が行われる。

このほか、毎月五日は「達磨月忌《だるまがつき》」、二十九日は「両祖月忌」にあたり、法要がつとめられる。「月忌」とは月命日のことである。両祖である道元と瑩山《けいざん》の命日が新暦では同じ日となることから、明治十年（一八七七）より行われるようになった。

禅修行

Q11 修行中、時間などはどうやって知らせるのか？

禅院では、起床、勤行《ごんぎょう》や食事、坐禅の開始など、すべて音で合図して知らせる。そのため多くの鳴らし物がある。

●**振鈴**《しんれい》 まだ暗い早朝、「振司《しんす》」と呼ばれる担当僧がカランカランと甲高《かん》い鈴の音を響かせて廊下を走り、起床時間を知らせること。就寝時は「開枕鈴《かいちんれい》」と呼ばれる。

●**木版**《もっぱん》 僧堂をはじめ諸堂に掛けられている厚い木の板のこと。木槌《きづち》で打って音を出し、朝の洗面から就寝まで行持《ぎょうじ》によって打ち方が異なる。

●**鐘**《かね》 鐘楼の梵鐘《ぼんしょう》のほか、諸堂に殿鐘《でんしょう》が吊《つ》るされている。梵鐘は境内の内外に鳴り響き、時を知らせる。殿鐘は、法要の準備ができたとき、大衆《だいしゅ》（参列僧）の入堂、導師の上殿などの合図として打たれる。最初はゆっくり、次第に速く打つことを「転《てん》畳《じょう》」という。また、小参《しょうさん》（94ページ参照）のときに呼び出しに使われる喚鐘《かんしょう》や、携帯用に柄《え》の付いた引磬《いんきん》（手磬《しゆけい》ともいう）もある。

●**太鼓《たいこ》**　夜明けの「暁鼓《きようく》」、日没の「昏鼓《こんく》」、食事時の「斎粥鼓《さいしゆくく》」、作務《さむ》時の「普請鼓《ふしんく》」、入浴時の「浴鼓《よつく》」、法要時の「大擂鼓《だいらいく》」、聴講時の「法鼓《ほつく》」など、いろいろな意味を持つ。木版や鐘などと組み合わせて打つこともある。

●**雲版《うんばん》**　雲形の青銅または鉄の板のこと。庫院《くいん》などに吊るされ、食事が調《ととの》った合図に打たれる。

●**梆《ほう》**　魚の形をした木製の鳴らし物。「魚鼓《ぎよく》」ともいう。僧堂などに吊るされ、食事や作務の合図に打たれる。

●**槌砧《ついちん》**　八角形の堅い木の台（砧《きぬた》）を柄のない木槌で打って音を出す。僧堂での食事や法堂《はつとう》で上堂説法する際などに広報するための法具である。略式には、柝《たく》（一般にいう拍子木《ひようしぎ》）を用いる。

雲版《うんぱん》。青銅または鉄製で雲の形をしており、食事の際など、時の合図に打ち鳴らされる（写真提供・大本山總持寺）

Q12

曹洞宗の坐禅は壁に向かって坐る？

坐禅の作法

曹洞宗の坐禅は「面壁《めんぺき》」といって壁に向かい、ただ黙々と坐《すわ》ることを旨とする。これを「只管打坐《しかんたざ》」という。家でもできる簡単な坐禅作法を紹介しよう。

僧堂ではおしりの下に丸いクッションのような形をした「坐蒲《ざふ》」を敷くが、家では座布団を二つ折りにして使うとよい。

坐り方には「結跏趺坐《けっかふざ》」と「半跏趺坐《はんかふざ》」がある。結跏趺坐は、あぐらの姿勢で右足を左のももの上に置き、左足を右のももの上にのせる。半跏趺坐は、左足を右のももにのせるだけである。そして両ひざを床につけ、おしりと両ひざで体を支え、背筋を伸ばす。

坐禅の姿勢がとれたら、手のひらを上にして両ひざにのせ、上体を真っすぐにしたまま腰を中心に大きく左右に倒す。だんだん揺れを小さくしていき、真ん中で止める。

● 坐禅の姿勢

法界定印
半眼
45°
坐蒲
結跏趺坐
半跏趺坐
正しい姿勢

これを「左右揺振《さゆうようしん》」という。坐禅を終えるときは、小さな揺れから大きくしていく。

手の組み方は、右の手のひらの上に左の手のひらをのせ、両手の親指をつけてできる円がきれいな卵形になるようにする。これを「法界定印《ほっかいじょういん》」といい、脚の付け根に軽く置く。舌を上あごにつけ、口を閉じる。目は「半眼《はんがん》」といって、半分閉じて前方四十五度ぐらいの位置を見るようにする。

準備が整ったら深呼吸をする。「欠気一息《かんきいっそく》」といって、鼻から息を吸って下腹をふくらませ、口からゆっくり吐く。坐禅中は腹式呼吸で鼻からゆっくり息を吐ききって鼻から自然に吸う。意識は下腹に集中する。へそから十センチ下の下腹の中奥《ちゅうおう》部分は「臍下丹《せいかたん》田《でん》」と呼ばれ、気が集中するところとされている。

Q13 坐禅会での作法と用語を教えて？

坐禅の作法

坐禅をするなら、お寺などで行われている坐禅会に参加してみるとよい。正しい坐禅を学ぶために、そして坐禅に慣れた後も自己流に陥ることを防ぐために、経験豊かな指導者に直接教えを受けることが重要だからだ。

坐禅道場に入るときは、「叉手《しゃしゅ》」といって、左手の親指を中にして握り、胸にあて、その上から右手を重ね、ひじを軽く張った姿勢で歩き、入口の左端から左足で敷居をまたぐ。数歩進んでいったん止まり、堂内の聖僧《しょうそう》（通常は文殊菩薩《もんじゅぼさつ》）に合掌低頭《がっしょうていず》する（「低頭」とはお辞儀をすることをいう）。

歩きはじめるときはいつも右足から、歩くときや体の向きを変えるときは右回りだ。叉手に戻して自分が坐《すわ》る場所（単《たん》）の前に立つ。そこで単に向かって合掌低頭する（「隣位問訊《りんいもんじん》」という）。続いて、後ろを向いて合掌低頭する（「対座問訊《たいざもんじん》」という）。

●手の組み方

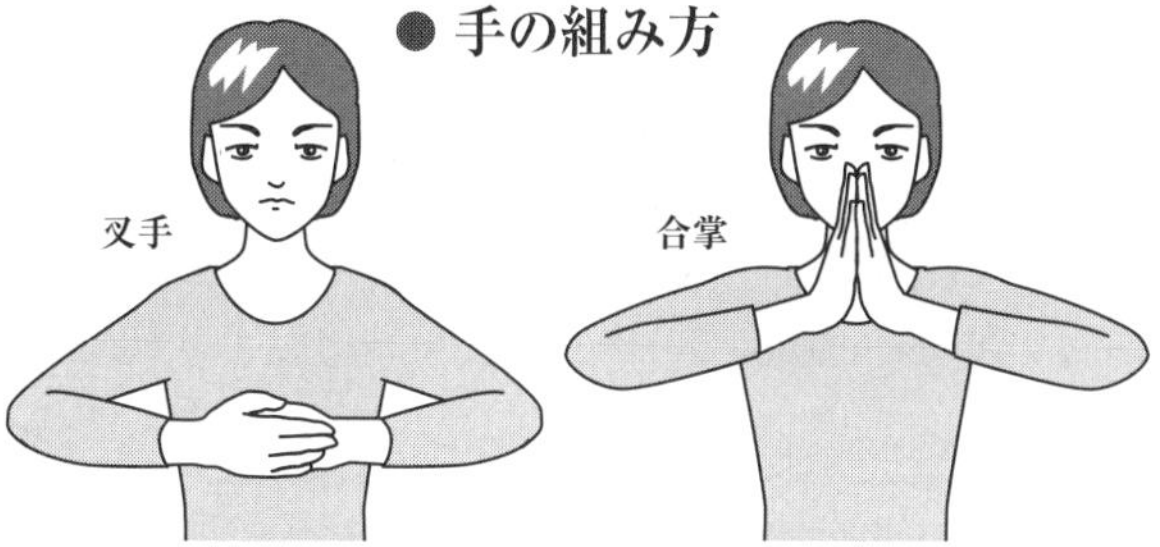

後ろ向きのまま、単の畳の部分に両手をついて坐蒲《ざふ》に腰かけ、牀縁《しょうえん》（床の部分）に足がふれないようにひざを曲げてあぐらを組みながら単に上がる。かがんで履き物をそろえたら、そのまま壁のほうに向く。そして前項で説明したように坐禅の姿勢をつくる。

坐禅を始める前に、導師が聖僧に焼香礼拝《らいはい》したのち、道場内を一周することがある。これを「行香《ぎょうこう》」または「検《けん》単《たん》」という。そのときは、導師が自分の単の近くに来たら合掌し、通り過ぎたら合掌を解く。

坐禅中は、「巡香《じゅんこう》」または「直堂《じきどう》」と呼ばれる指導役の僧が眠気や気のゆるみを戒めるために警策《きょうさく》を持って道場内をまわっている。後ろから姿勢を直されたら、無言のまま指導に従う。右肩に警策を軽く当てられたときは、合掌して首を左に傾け、警策を受ける。受けたら合掌低頭し、

● 隣位問訊

● 対座問訊

● 警策の受け方

● 経行の仕方

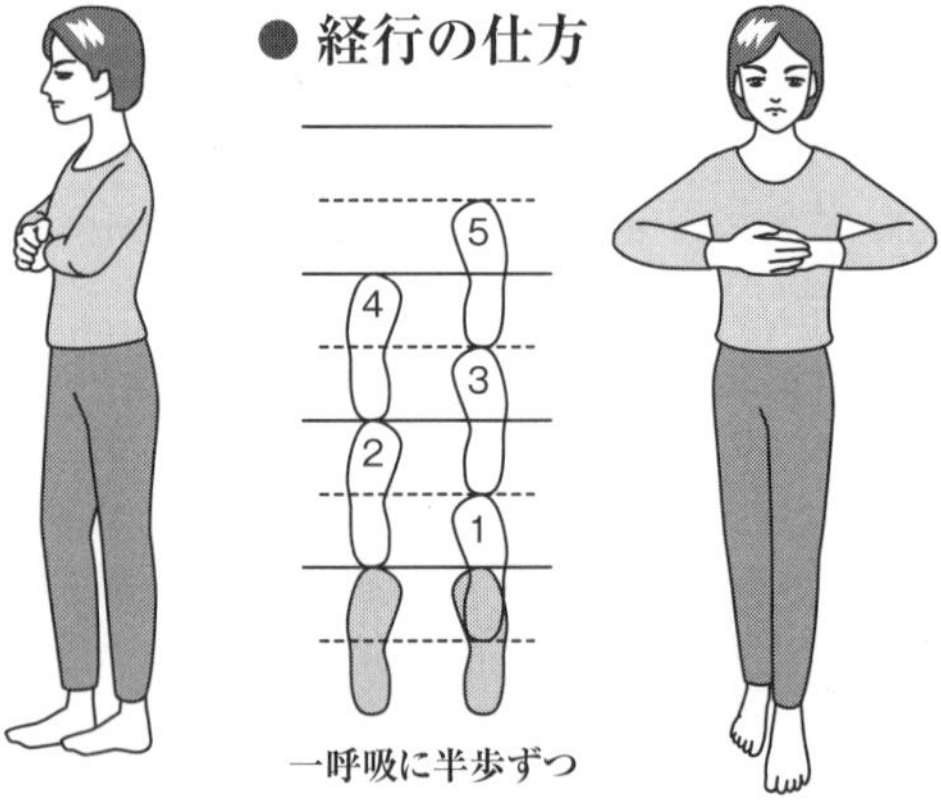

法界定印《ほっかいじょういん》に戻し、坐禅を続ける。警策を自ら受けたいときは合掌して待つ。

坐禅開始の合図は鐘三つで「止静鐘《しじょうしょう》」という。一回の坐禅は約四十分、線香一本が燃え尽きるくらいの時間という意味で「一炷《いっちゅう》」と呼ばれる。終了の合図は鐘一つで「抽解鐘《ちゅうかいしょう》」という。坐禅を二回行うときは間に「経行《きんひん》」をはさむため、鐘が二つ打たれる（「経行鐘《きんひんしょう》」という）。坐禅中に経行鐘や抽解鐘が聞こえたら合掌、左右揺《さゆうよう》振《しん》して足を解き、体の向きを変えて単からおりる。

経行とは、叉手し一息半歩《いっそくはんぽ》で（一呼吸に半歩ずつ）前の人との間隔を保ちながら道場内をゆっくり歩く、いわば「歩行禅」である。経行中に抽解鐘が鳴ったら、両足をそろえて立ち止まり、叉手のまま低頭し、普通の速さで歩いて自分の単に戻る。そして隣位問訊・対座問訊をして単に上がり、止静鐘を待つ。また、抽解鐘と止静鐘の間に用便（トイレ）を済ませる。

坐禅の終了時、単からおりたら坐蒲の形を整え、隣位問訊・対座問訊を行う。叉手して皆がそろうのを待ち、退出する。道場を出るときは、出口の右端から右足で敷居をまたぐ。

Q14 僧堂での食事の作法や典座について教えて？

精進料理

修行僧が僧堂で食事をとるときの作法を「行鉢《ぎょうはつ》」という。朝は粥《かゆ》とごま塩と漬物、昼は飯と一汁二菜の精進《しょうじん》料理だ。精進料理の「精進」とは、釈迦《しゃか》が示す正しい生き方「八正道《はっしょうどう》」の一つで、正しく見て考え、行いを慎み、雑念をはらってひたすら物ごとにうちこむことである。

道元が入宋《にっそう》してすぐ、上陸を許されるのを船で待っているときに、中国の老典座《てんぞ》から弁道《べんどう》（本当の仏道修行）の大切さを教えられたエピソードは有名だ（68ページ参照）。

「典座」とは、禅院の食事のいっさいを担当する役職であり、住職を補佐する重役の一つだ。食事は身を養うだけでなく、仏の慧命《えみよう》（智慧《ちえ》の命）を育てる大切なものだ。人間が生きていくうえで欠かせないものだから、食事をおろそかにすれば健康を害し、仏の智慧を得るという本来の目的が達成できなくなってしまう。だから、食事を作ること、食べることは、大切な仏道修行なのである。

道元は帰国後、調理を担当する僧の心得や作法を『典座教訓《てんぞきようくん》』に著した。その中に次の三つの心得が示されている。それは、調理だけでなく、すべてに通じるものだ。

喜心《きしん》……仏道として調理できることや食材のありがたさを喜ぶこと

老心《ろうしん》……食べる人のことや食材に、いたわりの心を持って調理すること

大心《たいしん》……食材の良し悪しにこだわらず、広い視野を持って調理すること

食事をいただく僧の心得や作法は『赴粥飯法《ふしゆくはんぽう》』に示されている。これは、道元が永平寺を開いたときに説いたもので、『永平大清規《えいへいだいしんぎ》』の一つにかぞえられる。

食事を用意する人、給仕する人、食す人が一体となった修行が行鉢である。

行鉢では、多くの人々のおかげに感謝し、鉢盂《ほう》（応量器《おうりようき》）を額《ひたい》の前に両手で掲げて敬虔《けいけん》の念を表す。そして『五観偈《ごかんのげ》』をとなえる。五つの偈文《げもん》（経文）に、食事をいただく際の心得がすべて表されている。その一つを紹介しよう。

「己《おの》が徳行《とくぎよう》の全欠《ぜんけつ》を忖《はか》って供《く》に応ず」（自分がこの食事をいただくに値する行いをしているかどうか深く反省していただきます）

Q15 曹洞宗の仏壇のまつり方について教えて？

仏壇とは、仏をまつる仏殿と先祖の霊をまつる位牌堂《いはい》が統合されたものだ。つまり、家庭内のお寺であり、檀信徒《だんしんと》の信仰のよりどころとなるものである。

曹洞宗の本尊は釈迦牟尼仏《しやかむにぶつ》である。そこで家庭の仏壇では、釈迦牟尼仏の両側に高祖・道元と太祖・瑩山《けいざん》が描かれた「一仏両祖」の絵像をまつることが多い。

位牌は、本尊に向かって右が高位となるので古い位牌、左に新しい位牌を安置する。

そして本尊の前に仏餉《ぶつしよう》（ご飯）と茶湯《ちやとう》をそなえる。仏壇を飾ることを「荘厳《しようごん》」というが、燭台《しよくだい》・香炉・華瓶《けびよう》の三具足《みつぐそく》を置けば、立派な仏壇である（次ページ図参照）。

華瓶には生花をいけて礼拝者《らいはいしや》のほうに向けてそなえる。生花は清らかな仏世界の象徴であり、命の尊さを教えている。灯明《とうみよう》（ろうそくの灯《あか》り）は闇《やみ》を明るく照らす仏の智慧《ちえ》の象徴、線香の芳《かぐわ》しい香りは広くいきわたる仏の慈悲の象徴である。

● 仏壇のまつり方（荘厳《しょうごん》）

＊小さな仏壇は太字の仏具だけでよい

❶本尊（一仏両祖）　❷位牌
❸過去帳　**❹仏餉《ぶつしよう》**　**❺茶湯《ちやとう》**　❻高坏《たかつき》　**❼燭台《しよくだい》**　**❽香炉**
❾華瓶《けびよう》　❿線香立て　**⓫リン（小磬《しようけい》）**　**⓬聖典（経本）**　⓭数珠
⓮経机　**⓯木魚《もくぎよ》**

＊一仏両祖の絵像は菩提寺を通じていただく

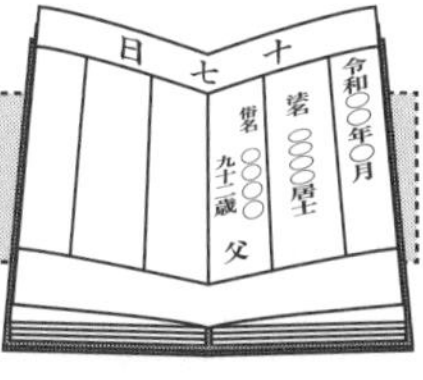

過去帳　戒名・祥月命日（死亡の年月日）・行年・俗名などを記しておくもの。命日には、その日を開いておく。

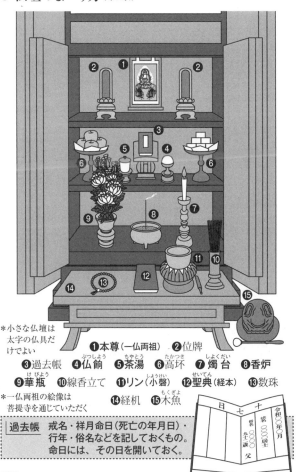

Q16 おつとめの仕方、数珠の作法を教えて？

仏前で読経することを「おつとめ」という。洗顔をすませ、朝のおつとめの前に華《け》瓶《びょう》の水をかえ、仏飯《ぶっしょう》、茶湯《ちゃとう》などをそなえる。ろうそくを灯《とも》して線香に火をつけ、額《ひたい》におしいただいて香炉に立てる。火を消すときは、息をふきかけずに手であおいで消す。おそなえは「五供《ごく》」と呼ばれ、花、灯明《とうみょう》、香、茶湯、飲食《おんじき》（仏飯、霊膳《れいぜん》、果物や菓子など）の五つが基本となる。仏飯は炊きたてのご飯をそなえるが、パンなどでもよい。霊膳は、命日やお盆、彼岸などに本尊のほうへ箸《はし》を向けてそなえる。

仏壇の給仕が調ったら合掌礼拝《がっしょうらいはい》し、経本を額の前に両手で掲げてから読経を始める。リン（小磬《しょうけい》）を鳴らすのは読経のときだけだ。読経を終えたら、再び合掌礼拝する。おつとめは朝夕二回が望ましいが、一日一回でもかまわない。仏飯はおつとめ後、正午までに下げて、いただくのがよい。よそから菓子などをもらったときも、仏壇にそなえてからいただく。

曹洞宗の正式な数珠は、煩悩《ぼんのう》の数といわれる百八珠《たま》で、金属の輪が通っているのが特徴だ。輪が通っている理由は不明だが、一説に輪はダルマ（梵語《ぼんご》で仏法の意味）を表しているともいわれる。珠の数が半数や四分の一の数珠もある。曹洞宗の檀信徒《だんしんと》は

● 数珠の作法

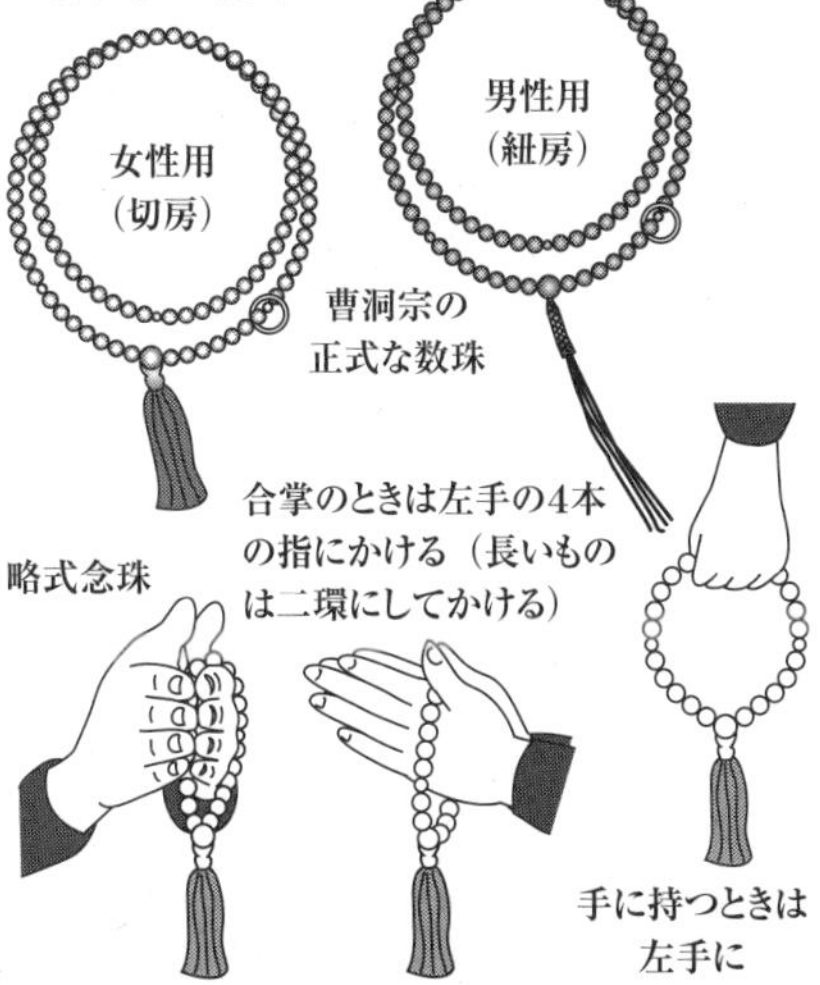
女性用
（切房）
男性用
（紐房）
曹洞宗の
正式な数珠
略式念珠
合掌のときは左手の4本
の指にかける（長いもの
は二環にしてかける）
手に持つときは
左手に

宗派を問わない略式の片手念珠を用いている。片手念珠は房を下にして左手で持ち、合掌のときは左手の四本の指にかけて、親指で珠を押さえる。経本を持つときは、左手首にかけておく。坐禅のときにはかけない。宗派共用の百八珠の数珠を二重にして同様にかけてもかまわない。

念珠や聖典《せいてん》（経本）は大切に扱い、畳や床の上に直接置いてはいけない。

Q17 曹洞宗の焼香の作法を教えて？

葬儀・法事・お墓

焼香とは、抹香《まっこう》や線香を炷《た》くことをいう。抹香は、古くは沈香《じんこう》や白檀《びゃくだん》などの香木を粉砕したものだったが、現在は樒《しきみ》の葉や皮の粉末が使われている。線香は、香りを長持ちさせるために、粉末にした樒の葉や皮を練り合わせて棒状などにして乾燥させたものである。

焼香は、良い香りを仏や先祖に喜んでいただくものなので、線香の匂いが苦手な人は、自宅の仏壇にそなえるときには現代的なお香やハーブなどでもかまわない。

抹香による焼香の作法や線香の本数などは、宗派によって多少違いがある。葬儀や法事で参列者が一人ずつ焼香する際には、とくに作法が気になるものだ。

曹洞宗では線香を立てるときは原則一本でかまわないが、二本や三本のこともある。抹香による焼香の作法は「主香《しゅこう》」と「従香《じゅうこう》」の二回である。主香は、抹香を右手の人差し指と中指、親指の三本でつまみ、額《ひたい》におしいただいてから香炉に入れる。従香は同じく三本の指で抹香をつまんだら、そのまま香炉に入れる。これは、香木や練香を使っていた時代、二回目は燃えやすいように抹香を添えた名残だ。参列者の数が多い場合や指示があったときは一回でかまわない。

● 焼香の作法

①数珠をかけて
本尊に合掌礼拝
②抹香をつまんで
額におしいただき
香炉へ（主香）
二回目はそのまま
香炉へ入れる
（従香）
③再び数珠を
かけて合掌礼拝

葬儀・法事・お墓

Q18 曹洞宗の戒名について教えて？

「戒名《かいみょう》」とは、仏弟子《ぶつでし》（釈迦《しゃか》の弟子）となった証《あかし》として授けられる受戒名《じゅかいめい》、つまり仏弟子の名のことである。宗派によっては「法号《ほうごう》」「法名《ほうみょう》」とも呼ばれている。

曹洞宗の戒名は通常四文字で、上の二字をとくに「道号《どうごう》」という。道号は本来、さとりを得て大安心《だいあんじん》を体解《たいげ》した者に与えられた称号だった。「体解」とは、体得よりも重く、体にしみこんだ状態を意味する。僧侶の戒名は四文字のみだ。

檀信徒《だんしんと》には四文字の戒名の下に「信士《しんじ》」「信女《しんにょ》」、時に「居士《こじ》」「大姉《だいし》」がつけられ、さらに「院号」が贈られることもある。これらは「位号」あるいは「尊号」と呼ばれ、菩提寺《ぼだいじ》との関係の深さや貢献度に応じて付与されるものである。

戒名は、現代ではお葬式のときにいただくのが一般的だが、本来は生前に戒を受け、仏弟子として生きていくことを誓い、いただくものである。出家して僧侶となる者は得度式《とくどしき》で戒名を授かり、檀信徒は本山などで行われる授戒会《じゅかいえ》を受けて戒名をいただく。戒を授ける僧を戒師《かいし》といい、戒を受ける人を戒弟《かいてい》という。したがって「授戒」とは戒師の側からいう言葉であり、戒弟の側からいえば「受戒」である。

大本山永平寺・大本山總持寺《そうじじ》では毎年四月頃、一週間にわたって授戒会が行われている。この期間、戒弟は大本山に籠もって僧侶と同じく修行を積む。これを「加行《けぎょう》」という。その後、今までの罪過を懺悔《さんげ》し、戒を授かるのである。

曹洞宗で授かる戒は十六条戒（三帰戒《さんきかい》・三聚浄戒《さんじゅじょうかい》・十重禁戒《じゅうじゅうきんかい》）と呼ばれ、出家・在家共通の大乗《だいじょう》菩薩戒《ぼさつかい》である。三帰戒で仏・法・僧の三宝《さんぼう》に帰依《きえ》することを誓い、「悪い行いをしない」「善《よ》い行いをする」「利他《りた》の行いをする」という三聚浄戒が菩薩戒の本質であり、「殺さない」「盗まない」など具体的な戒めが十重禁戒だ。そして仏と結縁《けちえん》できた証《あかし》である「血脈《けちみゃく》」を授かる。血脈とは、釈迦から師資相承《ししそうじょう》で仏教が正しく受け継がれ戒師に至るまでの系譜で、その下に戒弟の名前（戒名）が記される。

大本山以外の寺院でも、三〜五日間の法脈会《ほうみゃくえ》（中授戒会）、一日間の因脈会《いんみゃくえ》（小授戒会）が行われている。授戒会は何度参加してもかまわない。

Q19 檀信徒の葬儀形式は禅宗に始まるってホント？

曹洞宗の檀信徒《だんしんと》の葬儀は『檀信徒喪儀法《だんしんとそうぎほう》』に則《のっと》って行われる。葬儀の中心となるのは、授戒（戒名や血脈《けちみゃく》の授与）、念誦《ねんじゅ》、引導《いんどう》である（次ページ表参照）。

この中で注目すべきは「引導」だ。本来、引導とは仏道に導く意味であり、死者に法語を説いて開悟《かいご》に導くことをいうようになったのは、禅宗が始まりとされる。一般民衆に引導を渡す仏式葬儀をしたのは、中国の百丈懐海《ひゃくじょうえかい》が母親に行ったのが最初だといわれる。ちなみに鼓鈸《くばつ》（太鼓と銅鑼《どら》）を打ち鳴らすのも、神や祖霊を迎えたり送ったりする中国の儀礼である。

道元の記録の中に在家信者に対して臨終行儀（枕経《まくらぎょう》）を行ったと思われる文脈が見られ、永平寺五世・義雲《ぎうん》の小仏事の法語の中に「大姉《だいし》」とあり、在家信者に引導が行われたようだ。『瑩山清規《けいざんしんぎ》』（一三二四年成立）にも、在家信者へ向けた供養が記されており、この頃から徐々に在家信者に対する行儀が明文化されていったようだ。

室町・戦国時代、曹洞宗は祈禱《きとう》や授戒会《じゅかいえ》で信者を増やし、全国各地に寺院を建立していった。また、檀越《だんおつ》である武士の葬儀に戒名を授け、引導を渡して火葬や土葬を行うようになる。それが一般民衆にまで伝播《でんぱ》し、他宗派（浄土真宗を除く）でもこれに倣《なら》って在家信者の葬儀が行われるようになっていった。江戸幕府が檀家制度を確立できたのも、このような基礎があったからである。

● 曹洞宗の葬儀

（『檀信徒喪儀法』による）

【臨終行儀】（枕経《まくらぎょう》）

臨終諷経《ふぎん》『遺教経《ゆいきょうぎょう》』『舎利礼文《しゃりらいもん》』

▼

【通夜行儀】

通夜諷経《つやふぎん》（経文は適宜）

▼

【葬儀行儀】

剃髪《ていはつ》（出家の偈《げ》・剃髪の偈）

授戒（懺悔《さんげ》・〈洒水《しやすい》〉・十六条戒・血脈《けちみゃく》授与）

入棺諷経《にゅうかんふぎん》『大悲心陀羅尼《だいひしんだらに》』

棺前念誦《かんぜんねんじゅ》『十仏名《じゅうぶつみょう》』『舎利礼文《しゃりらいもん》』

挙棺念誦《こかんねんじゅ》（『大悲心陀羅尼』鼓鈸《くばつ》三通、行列、『大宝楼閣善住秘密根本陀羅尼《だいほうろうかくぜんじゅうひみつこんぽんだらに》』）

※ここまでを「内諷経《うちふぎん》」という

引導法語（『大宝楼閣善住秘密根本陀羅尼』鼓鈸三通、引導）

（弔辞・弔電が入る）

山頭念誦《さんとうねんじゅ》（『十仏名』など、鼓鈸三通）

荼毘《だび》（火葬）

安位諷経《あんいふぎん》『大悲心陀羅尼』

※喪儀に先だって火葬を行う慣習を持つ地域もあり、「骨葬《こつそう》」と呼ばれる

Q20 法事にはどんな意味があるの？

葬儀・法事・お墓

一周忌や三回忌など、故人をしのんで供養する年忌《ねんき》（年回）法要を一般に「法事」と呼んでいる。しかし法事とは〝仏法の事〟であるから、仏教行事・儀式全般が法事といえる。つまり、法事とは仏との縁を結ぶ（結縁《けちえん》する）ものだ。

故人が亡くなった同月同日を「祥月命日《しょうつきめいにち》」、毎月の命日を「月忌《がっき》」という。法事の日程は祥月命日に合わせ、「命日を過ぎてはいけない」とよくいわれるが、日を遅らせて近くの休日にしてもかまわない。より多くの人が結縁できるからだ。

初七日から七日ごとに法要を営み、四十九日忌を「忌明《きあ》け」とするのは、次のようないわれがある。釈迦《しゃか》以前のインドで「七」は宇宙の基数（宇宙を起源とする数）とされ、死者は七日のうちに何かに生まれ変わるだろう、それができなければ次の七日のうちと、最長七回の七日のうちに生まれ変わると考えた。そこで四十九日目に中《ちゅう》陰《いん》法要を営むようになったのである。中陰とは、「死」と「生」の間の期間をいう。

これが中国へ伝わると、中国の儒教思想には「百カ日」と「一周忌」と「三回忌」があった。亡くなった翌年が一周忌、その後は亡くなった年を一としてかぞえて二年目が三回忌となる。

これらの法要の回数を足して十とし、死者は冥界《めいかい》で十王《じゅうおう》の審判を受けると考えたのが中国の「十王思想」であった。それが平安時代に日本に伝わり、さらに「七回忌」と「十三回忌」と「三十三回忌」が作られて十三となり、十三仏が死者を守ってくれるという考えが鎌倉時代に定着した。

初七日から三十三回忌までの法要は「十三仏事」といって、それぞれ十三王の本地《ほんじ》仏《ぶつ》（本来の姿）をまつる。

なお、三十三回忌を「弔《とむら》い上《あ》げ」というが、それは親が死んで、親を個性ある人格として記憶している子供が死ぬまでが約三十年ほどだからである。つまり、子供として親の三十三回忌を務めるのがだいたい最後になるからだ。孫の代になると、死者は人格のない「先祖」としてまつられ、最後は「神」になると考えられたのである。

Q21 なぜ、お墓に卒塔婆を立てるの？

葬儀・法事・お墓

「卒塔婆《そとば》」とは、中陰《ちゅういん》法要や年忌《ねんき》法要のとき故人の供養のために墓石の後ろに立てられる細長い板のことである。板の上方左右に四つの刻みを入れ、表裏に経文《きょうもん》・戒《かい》名《みょう》・没年月日などが記されている。「板塔婆《いたとうば》」ともいう。

卒塔婆は、梵語《ぼんご》のストゥーパを漢語で音写したものだ。塔婆《とうば》とも略し、もとは仏舎《ぶっしゃ》利《り》（釈迦《しゃか》の遺骨）を安置するための建築物を意味した。

釈迦の死後、遺体は火葬され、遺骨は八等分されて周辺部族が塚にまつった。これがストゥーパである。その後、インドを統一したアショーカ王は敬虔《けいけん》な仏教徒で、全土の仏舎利を発掘して内外の寺院に配布した。そして周辺諸国にも円錐形《えんすいけい》の仏舎利塔が建てられた。仏教が中国に伝わると、多くの僧がインドやタイに赴《おもむ》き、仏舎利を持ち帰り、それに宝石を加えて中国様式の仏塔にまつるようになった。

それが日本に伝わって三重塔や五重塔となった。『日本書紀』には推古《すいこ》天皇の時代の五九三年に「仏の舎利を以《もっ》て、法興寺《ほうこうじ》の刹柱《さっちゅう》（塔の心柱《しんばしら》）の礎《いしずえ》の中に置く」とある。法興寺は飛鳥寺《あすかでら》とも呼ばれ、五八八年に百済《くだら》から仏舎利が献じられたことにより蘇我馬子《そがのうまこ》が寺院建立を発願《ほつがん》し創建された日本初の本格的な寺院である。仏塔を中心に東・西・北の三方に金堂《こんどう》を配し、その外側に回廊をめぐらした伽藍《がらん》が五九六年に完成したという。

仏塔は木造建築物から五輪塔などの小型の石塔となり、さらに五輪塔の形を模して板に刻みを入れた卒塔婆がお墓に立てられるようになったといわれる。五輪は下から順に「地《ち》」「水《すい》」「火《か》」「風《ふう》」「空《くう》」を表し、万物の構成要素を象徴している。

● 卒塔婆

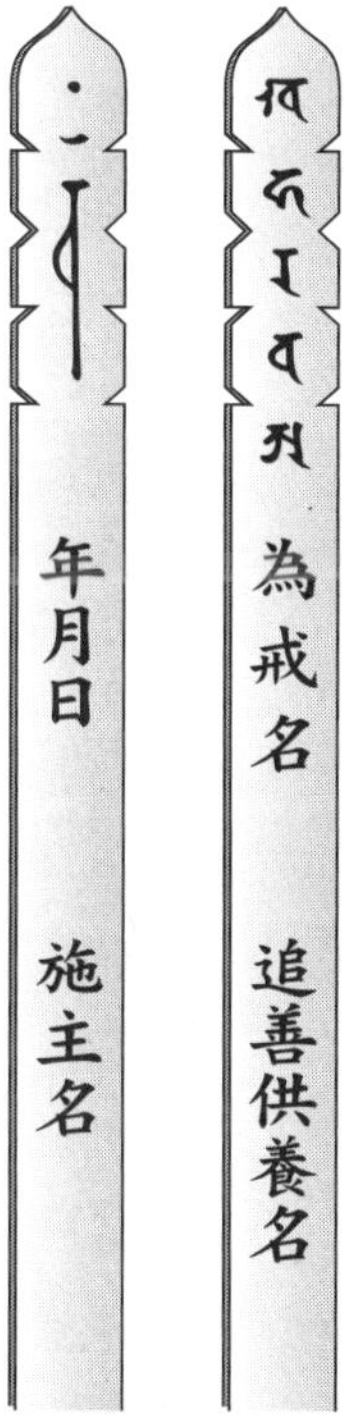

表　裏

曹洞宗では、さとりの境地を表して「地・水・火・風・空」の梵字が書かれることが多い

Q22 施食会は何を供養する行事なの？

年中行事

施食会《せじきえ》（施餓鬼会《せがきえ》）は、六道（天道《てんどう》・人間道《にんげんどう》・修羅道《しゅらどう》・畜生道《ちくしょうどう》・餓鬼道《がきどう》・地獄《じごく》道《どう》）の中の一つである餓鬼道に落ちて苦しんでいる亡者《もうじゃ》（餓鬼）や無縁仏《むえんぼとけ》に、食べ物を施して供養する法要でお寺の行事である。

本来は特定の日に行われる法要ではなかったが、その由来が似ていることからか、お盆（盂蘭盆会《うらぼんえ》）の行事の一つとして行われることが一般的になった。

施食会（施餓鬼会）は『救抜焔口餓鬼陀羅尼経《くばつえんくがきだらにきょう》』に由来するといわれる。あるとき、釈迦《しゃか》の弟子の阿難陀《あなんだ》はそれまでの修行が自分のための修行だったため、餓鬼に三日後の死を予言される。そこで阿難陀は、釈迦の教えにしたがって陀羅尼（呪文《じゅもん》）をとなえながら、餓鬼に食べ物を施すこと（慈悲心）によって死を逃れて寿命を得た、といういわれである。ちなみに陀羅尼は、梵語《ぼんご》（サンスクリット語）のままとなえる経文で、祈りの力を持つとされている。

一方、盂蘭盆会は『盂蘭盆経《うらぼんきょう》』に由来している。

釈迦の弟子で神通力《じんづうりき》第一といわれる目連《もくれん》が、あるとき自身の神通力で亡き母親のあの世の姿を見た。すると母親は息子を奪った仏を憎んだ利己心《りこしん》のため餓鬼道に落ちて苦しんでいることがわかった。目連は釈迦の教えにしたがって、夏安居《げあんご》（夏の修行期間）が終わった七月十五日に僧たちをもてなし供物を捧《ささ》げて利他の供養をした。その功徳《くどく》によって母親を餓鬼道から救うことができた、といういわれだ。そこから先祖の霊を供養する行事となった。

曹洞宗をはじめとする禅宗の専門僧堂では、施食会（施餓鬼会）など特別なときだけではなく、日常の行鉢《ぎょうはつ》のときに「生飯《さば》」という施食作法が行われている。

これは、食前に修行僧がそれぞれに数粒の飯（生飯）を別に取り分けて餓鬼や無縁仏に施す、施餓鬼の作法であり修行の一つとされている。給仕の僧が生飯を集めて、境内に設置してある生飯台《さばだい》（出生台《しゅっさんだい》ともいう）にのせておく。それは鳥などの生き物が食べる。こうして仏の恵みを分かち合うのである。

Q23 曹洞宗のお寺の年中行事について教えて？

年中行事

曹洞宗の寺院の年中行事には、仏教各派に共通する釈迦《しゃか》ゆかりの行事や、古くからの日本人の習俗と混じり合った季節の行事、そして曹洞宗独自の行事などがある。

これらのうち、曹洞宗の代表的な行事を「二祖三仏忌《にそさんぶつき》」と呼んでいる。二祖のうち一祖は禅宗の初祖である達磨《だるま》だが、もう一祖は、道元と瑩山《けいざん》の両祖、あるいは『百《ひゃく》丈清規《じょうしんぎ》』を定めた中国の禅僧・百丈懐海《ひゃくじょうえかい》、または各寺の開山など、寺院によってさまざまだ。三仏忌は、釈迦に関連した「降誕会《ごうたんえ》」「成道会《じょうどうえ》」「涅槃会《ねはんえ》」である。

曹洞宗らしい行事は、新年の「修正会《しゅしょうえ》」と釈迦の開悟《かいご》をたたえる「成道会」である。

正月三が日に行われる修正会は、新年を祝い、世界平和と人々の幸福を祈る法要である。修正会の中の「大般若会《だいはんにゃえ》」といわれる祈禱《きとう》法要では、『大般若経《だいはんにゃきょう》』の膨大な折《おり》本《ほん》（経本）をパラパラと翻転させながら読む「転読《てんどく》」という独特な読経の仕方が見ものである。この風にあたると一年間無病息災が約束されるといわれている。

成道会では、各寺院は十二月八日の朝に「出山像《しゅつさんぞう》」という釈迦の成道の姿を描いた軸を本堂に掛け、粥《かゆ》を供養して法要を行う。

また、修行道場では「臘八摂心《ろうはちせっしん》」といって、十二月一日から八日の朝まで八日間にわたる厳しい坐禅修行が行われる。

●曹洞宗のお寺のおもな年中行事

修正会《しゅしょうえ》(1月1日〜3日)	新年にあたり、平安を祈る年頭法要
百丈忌《ひゃくじょうき》(1月17日)	中国・唐時代の禅僧・百丈懐海の忌日法要
高祖降誕会《こうそごうたんえ》(1月26日)	道元の誕生を祝う法要
涅槃会《ねはんえ》(2月15日)	釈迦の入滅をしのぶ法要
彼岸会《ひがんえ》・春(3月)	先祖を敬い、故人をしのぶ仏教週間
花まつり(4月8日)	釈迦の誕生を祝う法要
盂蘭盆会《うらぼんえ》(7月または8月)	この世の私たちと先祖がふれ合う行事
彼岸会・秋(9月)	先祖を敬い、故人をしのぶ仏教週間
両祖忌《りょうそき》(9月29日)	高祖・道元と太祖・瑩山の忌日法要
達磨忌《だるまき》(10月5日)	禅宗の初祖である達磨の忌日法要
太祖降誕会《たいそごうたんえ》(11月21日)	瑩山の誕生を祝う法要
成道会《じょうどうえ》(12月8日)	釈迦の開悟を祝う法要
施食会《せじきえ》(随時)	慈悲の心を養う法要
開山忌《かいさんき》	各寺院の開山禅師の忌日法要

もっと知りたい曹洞宗②

曹洞宗の袈裟には道元の思いが込められている！

道元が自らの手で縫った袈裟《けさ》（伝法衣《でんぽうえ》）は、師資相《ししそう》承《じょう》の証《あかし》として、一番弟子の懐奘《えじょう》—義介《ぎかい》—瑩山《けいざん》、そして明峰素哲《めいほうそてつ》へと受け継がれた（128ページ参照）。

道元の中国・宋《そう》での修行中にこんなエピソードがある。早朝のこと、道元の隣の修行僧が袈裟を頭上にのせて、「お釈迦《しやか》様より伝えられてきた真の教えを私は今、いただいている。この教えをもって人々を救いたい」という塔袈《たつけ》裟偈《さのげ》をとなえた。この作法を見た道元は袈裟をまとう本当の意味に感涙したと伝わる。だから曹洞宗の僧侶は袈裟に対して単なる衣装以上の格別な思いがあるのだろう。

ちなみに作務衣《さむえ》は、禅宗の修行僧が作務《さむ》（作業）のときに着るものから名がついた。そして普段着の袈裟は略《りやく》五条《ごじょう》袈裟《げさ》（絡子《らくす》）を使う。

第3章

日本史の中の曹洞宗

早わかり曹洞宗❸

瑩山以降の曹洞宗史

能登《のと》に永光寺《ようこうじ》、總持寺《そうじじ》などを開き、多くの優秀な弟子を育て曹洞宗の大衆化を図った瑩山《けいざん》は、鎌倉時代が終わろうとする正中《しょうちゅう》二年（一三二五）に没する。

瑩山の弟子からは、明峰素哲《めいほうそてつ》や峨山韶碩《がさんじょうせき》などの名僧が出て、また彼らの門下も活躍した。一方、永平寺では守旧派の僧たちが純粋な禅をかたくなに守っていた。

以降の曹洞宗は、明峰・峨山ら瑩山の弟子たちが中心となって目覚ましい発展をとげる。彼らは真言宗や天台宗など旧仏教寺院を吸収しながら全国に教線を拡大した。その過程で、大衆に根づいていた諸神信仰、加持祈禱《かじきとう》や祭礼など密教的要素を取り入れていった。さらに、出家も在家も寺院に籠もって坐禅修行をする江湖会《ごうこえ》や大乗菩薩戒《だいじょうぼさつかい》を受ける布薩会《ふさつえ》が人気となり、曹洞宗はおおいにひろまった。

室町時代中期になると、活況を呈していた總持寺を中心とする進歩派の僧たちは、「三代相論《さんだいそうろん》」以降関係が途絶えていた永平寺にも入寺するようになっていった。彼らは全国に広がる組織力で永平寺を復興させ、ついには永平寺でも進歩派が主流を占めるようになった。そして戦国時代には各地で戦国大名の庇護を受け、天皇に勅額《ちょくがく》を賜るなどして、肥後《ひご》の大慈寺《だいじじ》や陸奥《むつ》の正法寺《しょうぼうじ》といった大寺が並び立つことになった。

江戸時代初期、幕府は宗教統制をするにあたり、永平寺と總持寺を曹洞宗の両本山と認めた。そして両寺を中心とする本末制度が成立、これが現在につながっている。

江戸時代は、他宗派の寺院を取り込んできたことで乱れていた規律や教学を道元の頃に戻そうと復古運動が起こる。宗学研究も盛んになった。また、鈴木正三《すずきしょうさん》（一五七九～一六五五）や良寛《りょうかん》（一七五八～一八三一）など個性的な禅僧も登場した。

明治になると「廃仏毀釈《はいぶつきしゃく》」により仏教界は大打撃を受けた。それでも曹洞宗は短期間で立ち直り、檀信徒《だんしんと》にわかりやすく道元の教えをまとめた『修証義《しゅしょうぎ》』の編纂《へんさん》など、現在の在家布教の礎《いしずえ》を築いた。

太平洋戦争後は新宗教法人となり、曹洞宗宗務庁（東京都港区）を中心として国内外で布教活動を活発に行っている。

Q1 瑩山の二大弟子といわれるのは？

鎌倉〜室町時代

瑩山《けいざん》の門下からは多くの優秀な僧が輩出した。「四門人」として、明峰素哲《めいほうそてつ》（一二七七〜一三五〇）、峨山韶碩《がさんじようせき》（一二七六〜一三六六）、壺菴至簡《こあんしかん》（生年不詳〜一三四一）、無涯智洪《むがいちこう》（生年不詳〜一三五一）の四人が知られているが、その中でも明峰と峨山は二大弟子といわれ、宗門の発展にとくに貢献した。

明峰は、加賀国《かがのくに》守護・富樫《とがし》一族の出身。十四代・富樫家尚《いえひさ》は、永平寺三世・義介《ぎかい》を開山とする大乗寺《だいじようじ》の開基である。明峰は幼少の頃に比叡山《ひえいざん》にのぼり、十七歳で得度《とくど》した。天台密教を学んだのち、京都の建仁寺《けんにんじ》で臨済禅を学び、それから大乗寺に入り、瑩山の弟子になった。また瑩山の師・義介にも認められた。

師事して八年、研鑽《けんさん》を積んだ明峰は、正安《しようあん》三年（一三〇一）に大乗寺二世・瑩山から印可《いんか》を得、嗣法《しほう》の証《あかし》として道元より相伝の袈裟《けさ》を受けた。それから諸国行脚《あんぎや》ののち、瑩山の示寂《じじゃく》の年、四十九歳で永光寺《ようこうじ》住職となる。永光寺を拡充する一方で、建武《けんむ》四年（一三三七）には衰退していた大乗寺を立て直し、そこを拠点として多くの弟子を育てた。

峨山は、能登国瓜生田《のとのくにうりゅうだ》（石川県津幡町《つばたまち》）に生まれた。十一歳で地元の天台宗寺院に入り、十六歳で比叡山にのぼっている。二十二歳のときに京都で瑩山に出会い、法縁を結ぶ。その二年後に大乗寺に入り、瑩山の弟子となる。そして七年後に印可を得た（印可を得た年は諸説ある）。

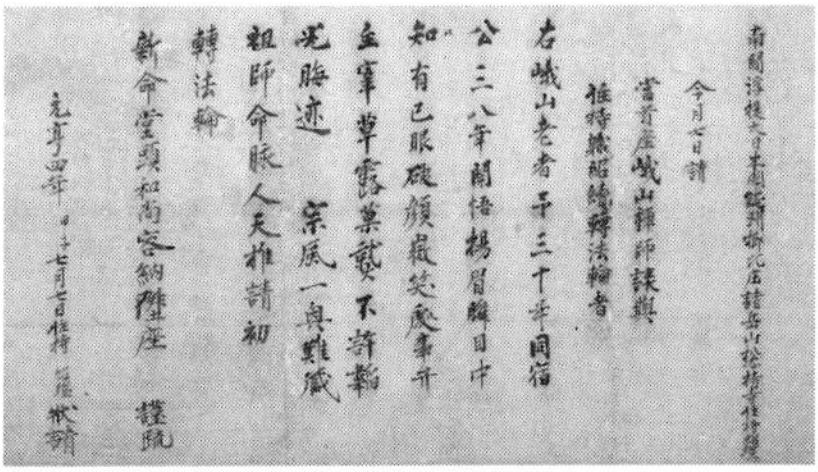
『總持寺譲状《そうじじゆずりじょう》』瑩山《けいざん》筆（大本山總持寺蔵）。正中元年(1324)、瑩山が峨山《がさん》に能登・總持寺住職を譲ったときのもの

正中《しょうちゅう》元年（一三二四）、瑩山から創建して間もない能登の總持寺《そうじじ》を譲られ、峨山は五十歳で二世住職となる。その後、總持寺を拠点として四十年余りにわたって人材の育成と、教団発展に努める。その間、峨山は永光寺の住職を兼任した時期もあり、片道五十キロの道のりを往復して両寺の朝課《ちょうか》（勤行《ごんぎょう》）を行ったという伝説がある。

鎌倉〜室町時代

Q2 明峰の弟子「十二門派」の活躍とは？

瑩山《けいざん》の二大弟子の明峰《めいほう》と峨山《がさん》は優秀な弟子を育て「明峰派」「峨山派」と呼ばれた。明峰は三十人余りの弟子を育てた。彼らは大乗寺を拠点として北陸、東北、九州に教線を拡大した。明峰の弟子の中でも傑出した十二人が「明峰十二門派」といわれる。代表的な二人を紹介しよう。

松岸旨淵《しょうがんしえん》（生年不詳〜一三六三）は加賀国《かがのくに》に生まれ、大乗寺《だいじょうじ》に入り瑩山のもとで得度《とくど》、そののち永光寺《ようこうじ》の明峰のもとで印可《いんか》を得た。明峰が晩年、越中《えっちゅう》に開いた光禅《こうぜん》寺《じ》（富山県氷見《ひみ》市）、大乗寺、永光寺の住職を務めた。そして晩年は能登《のと》に孝恩寺《こうおんじ》（石川県七尾市、光恩寺とも伝わる）を開いた。

大智祖継《だいちそけい》（一二九〇〜一三六七）は肥後国《ひごのくに》に生まれ、大慈寺《だいじじ》の寒巌義尹《かんがんぎいん》のもとで得度。十九歳で大乗寺に入り、瑩山に師事した。その後、入宋《にっそう》修行を経て、明峰のもとで印可を得た。加賀に祇陀寺《ぎだじ》を開いたのち、肥後の豪族・菊池氏の帰依を受けて聖《しょう》護寺《ごじ》（熊本県菊池市）、広福寺《こうふくじ》（熊本県玉名市《たまな》）を開いた。曹洞宗門一の詩僧とうたわれ、『大智禅師偈頌《だいちぜんじげじゅ》』などの著作がある。

明峰の弟子は松岸や大智を例にとるように、もとは瑩山の弟子だった僧が多い。明峰は師の瑩山示寂《じじゃく》後にその弟子たちを引き受けて、大切に育てて嗣法《しほう》している。瑩山は女人成道《にょにんじょうどう》（女性救済）を推進していたので、その中には尼僧も多かった。

明峰派は、教線拡大の面では峨山派にはおよばなかったが、その法脈をたどると、江戸時代に宗統復古に努めた月舟宗胡《げっしゅうそうこ》、卍山道白《まんざんどうはく》（ともに158ページ参照）、月舟の弟子の徳翁良高《とくおうりょうこう》（一六四九〜一七〇九）などの高僧を多数輩出している。

江戸時代以降は、峨山派が開いた寺院に明峰派の法脈を嗣《つ》ぐ僧が入ることが多くなり、曹洞宗内では「法は明峰、伽藍《がらん》は峨山」といわれている。

明峰素哲《めいほうそてつ》禅師像（石川県羽咋《はくい》市・永光寺《ようこうじ》蔵）。明峰は一時荒廃していた永光寺の伽藍《がらん》を整え、そこで多くの弟子を育てた

Q3 峨山の弟子「二十五哲」の活躍とは?

鎌倉〜室町時代

峨山《がさん》は總持寺《そうじじ》二世として四十年余り住職を務める間に多数の弟子を育てた。「二十五哲」と呼ばれる二十五人の高弟がいるが、その中でも太源宗真《たいげんそうしん》（生年不詳〜一三七一）、通幻寂霊《つうげんじゃくれい》（一三二二〜九一）、無端祖環《むたんそかん》（生年不詳〜一三八七）、実峰《じっぽう》良秀《りょうしゅう》（一三一八〜一四〇五）、大徹宗令《だいてつそうりょう》（一三三三〜一四〇八）は、傑出した「五哲」としてとくに有名だ。この五人は、のちに總持寺内に「塔頭《たっちゅう》」と呼ばれる支院を建立し、そこを拠点に全国に教線を拡大した。普蔵院《ふぞういん》、妙高庵《みょうこうあん》、洞川庵《とうせんあん》、如意庵《にょいあん》、伝法庵《でんぽうあん》の塔頭が總持寺の五院といわれている。

このほかの二十五哲としては、「曹洞宗第三の本寺」と呼ばれた正法寺《しょうぼうじ》（岩手県奥州市）開山・無底良韶《むていりょうしょう》（一三一三〜六一）と二世住職の月泉良印《げっせんりょういん》（一三一九〜一四〇〇）、同じく東北で活躍した道叟道愛《どうそうどうあい》（生年不詳〜一三七九）、北陸で活躍した無《む》際純証《さいじゅんしょう》（生年不詳～一三八一）、九州で活躍した無外円照《むがいえんしょう》（一三一一～八一）などがいる。また、下野国《しもつけのくに》那須野《なすの》（栃木県那須町）で九尾の狐が化した殺生石《せっしょうせき》を退治したという伝説で知られる源翁心昭《げんのうしんしょう》（一三二九～一四〇〇）も二十五哲の一人である。

瑩山《けいざん》の教団の組織化を忠実に推し進める峨山派の僧たちは、南北朝時代から室町・戦国時代にかけて、各地で他宗派の古寺を曹洞宗に改宗しながら全国に教線を拡大していった。

峨《が》山《さん》韶碩《じょうせき》禅師像（大本山總持寺蔵）。峨山は能登の總持寺から全国の弟子に指令を発し、多くの曹洞宗寺院を開いた

總持寺には、峨山やその高弟から直接、禅の教えを学ぼうと、曹洞宗はもちろん他宗の僧侶までもが全国から集まってきて、曹洞宗の修行道場として賑《にぎ》わった。

峨山派は總持寺を維持するために、五院の住職が順番に總持寺住職を務める輪《りん》住《じゅう》制度を採用し、合議制で寺院運営を行った。

鎌倉〜室町時代

Q4 鎌倉五山・京都五山に、曹洞宗は関わっているの？

鎌倉・室町幕府は中国（宋《そう》）の五山《ござん》・十刹《じっせつ》の制度に倣《なら》い、寺院を庇護《ひご》・統制した。時代によって多少変わるが、鎌倉五山といえば建長寺《けんちょうじ》、円覚寺《えんがくじ》、寿福寺《じゅふくじ》、浄智寺《じょうちじ》、浄妙寺《じょうみょうじ》、京都五山は南禅寺《なんぜんじ》を五山の上として、天龍寺《てんりゅうじ》、相国寺《しょうこくじ》、建仁寺《けんにんじ》、東福寺《とうふくじ》、万寿寺《まんじゅじ》の五山、すべてが臨済宗である。みだりに権力に近づかないという道元の教えを旨としていた曹洞宗は、瑩山《けいざん》とその弟子たちの活躍によって全国に発展していく中にあっても、時の権力者と結びつくことは少なかった。「臨済将軍、曹洞土民」という言葉が最も顕著に表れたのは、五山文化が花開いた十四世紀末から十五世紀にかけてである。

ところが曹洞宗の一派が唯一、五山に属していたことがある。それは、九代執権《しっけん》・北条貞時《ほうじょうさだとき》の招きで延慶《えんきょう》二年（一三〇九）に渡来した中国曹洞宗宏智《わんし》派五世の東明《とうみょう》慧日《えにち》（一二七二〜一三四〇）に始まる。

宏智派は宏智正覚《わんししょうがく》（一〇九一〜一一五七）を祖とし、道元の開いた日本の曹洞宗とは直接接点はないが、同じ曹洞宗の流れをくんでいる。東明は円覚寺十世となり、その後、建長寺や寿福寺の住職も務めた。幕府が住職の任命権を持つ五山制度では、宗派の違う僧侶が任命されるということもあり得たのだ。東明は円覚寺に「白雲庵《はくうんあん》」という塔頭《たっちゅう》（支院）を建て、白雲庵学林《がくりん》（学問所）を形成、鎌倉五山文学の舞台となった。

東明没後の宏智派は、門弟の別源円旨《べつげんえんし》（一二九四〜一三六四）が活躍する。別源は中国（元《げん》）に渡って学び帰国後、朝倉《あさくら》氏の帰依を受けて越前《えちぜん》に一寺を開いた。その後、京都に移って足利《あしかが》二代将軍・義詮《よしあきら》の帰依を受けて建仁寺の住職にもなっている。詩文集『南遊集《なんゆうしゅう》』『東帰集《とうきしゅう》』などを残し、五山文学の詩僧としても知られる。同門の不《ふ》聞契聞《もんかいもん》（一三〇二〜六九）も入元、帰国後は円覚寺の住職となり、白雲庵を守った。ちなみに白雲庵は円覚寺最古の塔頭といわれている。

このように、宏智派は一時期隆盛したが、朝倉氏との関係が深かったことから、織田信長に朝倉氏が滅ぼされると同時に急激に衰え、法系は絶えた。

Q5

龍穏寺には江戸城を築城した太田道灌のお墓がある⁉

戦国・安土桃山時代

埼玉県越生町《おごせまち》の龍穏寺《りゅうおんじ》は、もとは平安時代に創始された修験道場だったらしい。それを室町時代の永享《えいきょう》年間（一四二九〜四一）に六代将軍・足利義教《あしかがよしのり》が、祖先供養と戦死者供養のため関東管領《かんれい》・上杉氏に命じて建立したと伝えられる。開山に招聘《しょうへい》されたのは越生《おごせ》氏出身の曹洞宗の僧・無極慧徹《むごくえてつ》（一三五〇〜一四三〇）である。

龍穏寺は足利義教が建立したのち兵火にかかったが、文明四年（一四七二）に太田《おおた》道真《どうしん》、道灌《どうかん》父子によって再建されている。

太田道灌（一四三二〜八六）は、上杉氏の一族である鎌倉・扇谷《おうぎがやつ》上杉家の家宰（家老）を務めた太田道真（一四一一〜八八）の子として生まれた。道灌は出家後の法号で諱《いみな》は資長《すけなが》、父の諱は資清《すけきよ》である。道灌は幼い頃から聡明で、鎌倉五山（建長寺《けんちょうじ》らしい）で学び、さらに関東では最高峰の学問機関である足利学校で学んだ。

二十五歳で家督を継いだ道灌は、主君・上杉氏を補佐して二十八年間におよぶ享徳《きょうとく》の乱《らん》（一四五五〜八三）を戦うことになる。これは、関東管領の山内《やまのうち》・扇谷両上杉方と、鎌倉《かまくら》公方《くぼう》の足利成氏《しげうじ》方の争いで、関東一円に拡大し、関東の戦国時代開始の遠因といわれる。ここで道灌は数多くの武勲を上げた。

道灌の江戸城築城は長禄《ちょうろく》元年（一四五七）とされる。その後も川越城《かわごえじょう》、岩槻城《いわつきじょう》、鉢形城《はちがたじょう》を修築するなどした。

父の道真は道灌に家督を譲った後も隠居せずに実権を持ちつづけたが、晩年は龍穏寺の近くに閑居した。文明《ぶんめい》十八年（一四八六）、道灌は主君である上杉定正《さだまさ》の糟屋《かすや》館《やかた》（神奈川県伊勢原《いせはら》市）に招かれ、謀殺された。道灌の台頭を憂慮した定正によるものと伝えられるが定かではない。

道灌の遺骨は分骨され、一方は父・道真によって龍穏寺に埋葬された。もう一方は謀殺地近くの洞昌院《とうしょういん》（神奈川県伊勢原《いせはら》市）に埋葬され、宝篋印塔《ほうきょういんとう》が建てられている。

龍穏寺境内には、江戸城の外濠《そとぼり》にかかる神田橋の橋台に使われていた石がある。首都高速道路建設時に取り外されたもので、道灌の江戸城築城を顕彰している。

Q6 永平寺と總持寺が二大本山として並び立つようになった経緯は？

戦国・安土桃山時代

最初に「曹洞《そうとう》賜《し》紫《し》出世《しゅっせ》第一道場《だいいちのどうじょう》」の綸旨《りんじ》（天皇が発する文書）を賜ったのは總《そう》持寺《じじ》だ。元亨《げんこう》二年（一三二二）、後醍醐《ごだいご》天皇が瑩山《けいざん》に帰依し、勅願所《ちょくがんじょ》としたのである。

室町時代中期には總持寺を中心とする峨山《がさん》派の僧たちは、永平寺にも入山するようになる。その後、永平寺は峨山派が主流を占めるようになり、この頃から朝廷との関係を深めようとする動きが出てくる。

応仁《おうにん》の乱《らん》が終わって三十年ほど経《た》った永正《えいしょう》四年（一五〇七）、永平寺は「本朝曹洞宗第一道場」の勅額《ちょくがく》を後柏原《ごかしわばら》天皇から受けている。また、天文《てんぶん》八年（一五三九）には後奈良《ごなら》天皇から「日本曹洞第一出世道場」という追認の綸旨を受けている。

じつは、永平寺は応安《おうあん》五年（一三七二）に北朝の後円融《ごえんゆう》天皇から「日本曹洞宗第一出世道場」の勅額を賜ったが、そのときの勅額が応仁の乱の兵火（一四七三年）により焼失したので再申請して追認されたのだ。焼失からかなり時間が経ってから申請した理由は、「第一出世道場」という名目が必要になったからであろう。

出世道場とは、天皇が紫衣《しえ》の着用を認めた寺院のこと。つまり最高の格式と栄誉のある寺院であると認められたことである。また全国の曹洞宗寺院の根本道場であることを意味する。そうなると入山する修行僧が増えて繁栄することになる。

さらに、永平寺では、一定の金銭を納めて短期間永平寺で住職を務めることで「前永平寺住職」といういわゆる名誉職を得られる慣例があった。こうした多くの〝高僧〟が布教することになり、これが曹洞宗を大宗門に発展させる基盤にもなった。

永平寺の興隆に対して、我こそ曹洞宗第一道場であると自認する總持寺は、永正《えいしょう》八年（一五一一）に朝廷に対して再度、綸旨を得ようと願い出る。しかし、却下されたようだ。その後、總持寺は天正《てんしょう》十七年（一五八九）に後陽成《ごようぜい》天皇から「曹洞宗の本寺並びに出世道場」として認められ、その二年後には永平寺も後陽成天皇から同様の綸旨を受けた。こうしてようやく双方が互いに両本山として認め合うようになった。

Q7 越前朝倉氏が永平寺を庇護し監視もしていた⁉

戦国・安土桃山時代

戦国時代から安土桃山時代にかけては、仏教界も戦乱に巻き込まれた。

室町時代末期から蓮如《れんにょ》が率いる浄土真宗（一向宗《いっこうしゅう》）が北陸一帯に勢力を拡大し、戦国時代になると一向一揆《いっこういっき》へと展開した。また、京都を中心に布教活動をしていた法華宗《ほっけしゅう》（日蓮宗《にちれんしゅう》）が法華一揆《ほっけいっき》を起こした。こうした仏教各派とその信者たちの動きは、天下を狙う大名たちにとっては大きな問題となり、彼らは仏教教団に対して融和と弾圧の政策を使い分けながら勢力争いに利用していった。

戦国大名たちは、殺戮《さつりく》を繰り返すことによる罪障や領国の安定祈願のために仏教にすがる気持ちが強かった。さらに、僧たちの広い人脈を利用して他大名と交渉する外交官として僧侶が必要だったのである。

それでは、戦国大名と曹洞宗はどのように関わったのだろうか――。

永平寺のある越前国《えちぜんのくに》は、南北朝時代から朝倉《あさくら》氏が支配していた。朝倉氏は一乗谷《いちじょうだに》城《じょう》（福井市）を拠点として活躍した戦国大名だ。

朝倉氏は当初から曹洞宗に帰依し、いくつかの寺院を建立している。このあたりは、いわゆる永平寺のお膝元であり、曹洞宗寺院が点在していた。そして、永平寺は一乗谷城の北東方向の山越しにあり、防衛上重要な意味があった。そのため、永平寺が一乗谷と反対方向の集落に通じる道路を開創したときには、朝倉氏は道路の取り壊しを迫ったという。こうして、朝倉氏は永平寺を庇護《ひご》しながらも、常に監視の目を光らせていた。

戦国時代も佳境となった元亀《げんき》元年（一五七〇）、浅井《あざい》・朝倉連合軍と織田信長との姉川《あねがわ》の戦い以降、朝倉氏は滅亡に向かう。翌年、朝倉方の比叡山は信長によって焼き討ちされた。さらに天正《てんしょう》二年（一五七四）、永平寺は越前一向一揆の兵火によって全焼。翌年、一揆は信長によって平定され、北ノ庄《きたのしょう》（福井市）に逃れていた永平寺十九世・祚玖《そきゅう》は旧地に戻った。信長は永平寺に対して軍兵の狼藉《ろうぜき》や放火などの行為から保護することを定めた禁制《きんぜい》を発給した。そのため永平寺の復興が進んだといわれる。

Q8

總持寺祖院の山門は、前田利家の妻の願いで建立された!?

戦国・安土桃山時代

永平寺が戦国時代の戦乱に巻き込まれたのと同様に、能登《のと》の總持寺《そうじじ》も元亀《げんき》元年（一五七〇）の兵火によって焼失したが、天正《てんしょう》九年（一五八一）に新領主となった前田《まえだ》利家《としいえ》（一五三八〜九九）によって復興した。

利家は越前一向一揆《えちぜんいっこういっき》の平定で府中城《ふちゅうじょう》（福井県越前市）三万三千石の城持ち大名となった頃から曹洞宗・宝円寺《ほうえんじ》の大透圭徐《だいとうけいじょ》（一五二五〜九八）に深く帰依していた。能登の領主となった利家は大透を招いて金沢に宝円寺を開山。さらに大透に命じて總持寺を再建させた。利家以降の加賀《かが》藩主たちも總持寺を厚く外護《げご》している。

利家の妻まつも篤信家《とくしんか》として知られる。總持寺再建の際に山門（三門）は、まつの立願《りゅうがん》により建てられた。また、まつは利家の没後、冥福《めいふく》を祈るため境内に塔頭《たっちゅう》の芳《ほう》春院《しゅんいん》を建てるなど、總持寺の発展に尽くした。「芳春院」は、まつの法号である。

残念ながら明治三十一年（一八九八）の大火により伽藍《がらん》の多くが焼失し、現在の山門は昭和七年（一九三二）に再建されたものである。總持寺はこの大火を機に横浜に移転し、旧地は總持寺祖院《そうじそいん》として復興された。前田家六代目・吉徳《よしのり》から寄進された経蔵《きょうぞう》は、明治の大火を免れた数少ない伽藍の一つである。

前田利家夫人（まつ）像（重要文化財・大本山總持寺蔵）。加賀百万石といわれる前田家を支えつづけた

江戸時代の總持寺は興隆した。總持寺は、五院の住職が交代で務める輪住制《りんじゅうせい》を明治三年（一八七〇）まで約五百年間続けていた。そのため輪番住職の交代のたびに全国から末寺の僧が總持寺に上山《じょうざん》した。上山のときには檀家《だんか》や弟子たちを大勢伴うので、おおいに賑《にぎ》わったという。また、能登は北前船《きたまえぶね》の要所地であり、輪番住職の交代のためにやってきた人々が地元に輪島塗《わじまぬり》を持ち帰り、全国にひろまったといわれる。

Q9

永平寺は福井藩主・松平氏の庇護により復興できた!?

江戸時代

戦国時代末期、信長が永平寺に対して禁制《きんぜい》を発給したのち、越前《えちぜん》を治めた柴田勝家《しばたかついえ》、丹羽長重《にわながしげ》、堀秀政《ほりひでまさ》らも禁制を発給した。一向一揆《いっこういっき》による兵火によって全焼した永平寺は、領主が変わるたびにその禁制を受け入れ、徐々に復興していった。

慶長《けいちょう》六年(一六〇一)、徳川家康の次男である結城《ゆうき》(松平《まつだいら》)秀康《ひでやす》が越前国に六十八万石で入封《にゅうほう》し、越前一国を治める北ノ庄《きたのしょう》藩(のちの福井藩)が成立する。このとき永平寺の寺領は二十石だった。

秀康は三十四歳の若さで病没し、跡を継いだのは長男の忠直《ただなお》だったが、乱行が目立ったことから隠居させられ、元和《げんな》九年(一六二三)には忠直の弟の忠昌《ただまさ》が三代藩主の座に就《つ》く。忠昌は、永平寺に三十石の寺領を寄進している。

ちなみに、北ノ庄を福井(当時は福居)と改称したのは忠昌だといわれる。北ノ庄の「北」の字が「敗北」に通じることが理由だったと伝えられる。

忠昌は正保《しょうほう》二年（一六四五）、江戸中屋敷で没した。葬儀を終えると家臣七人は、各々の菩提寺《ぼだいじ》で君主の後を追うように自刃したといわれる。永平寺を菩提寺と定めていた忠昌の遺骨は、四代・光通《みつみち》によって埋葬された。また、自刃した家臣たちの遺骨の頭部は君主のそばに、下部はそれぞれの菩提寺に葬られたといわれる。

忠昌の廟所《びようしよ》の門は、室町時代に勅使門《ちよくしもん》として使用された永平寺最古の伽藍《がらん》といわれる。光通は、父に殉じた家臣のために五輪塔を建て、永平寺に寺領二十石を寄進している。このほかに忠昌の妻、光通夫妻の五輪塔もある。

越前松平家は藩祖である秀康から代々信仰心に篤《あつ》く、永平寺はその庇護《ひご》を受けていた。ただ、忠昌の代から家督相続問題などのトラブルが多く発生、減封《げんぽう》が重なり、江戸中期一七〇〇年前後には二十五万石ほどに衰退した。

江戸時代

Q10 「寺院諸法度」のモデルは曹洞宗だった!?

徳川幕府の国家運営の原点は、権力の一極集中にあった。室町・戦国時代の二の舞いにならぬように、地方武士、朝廷、仏教集団という三大権力をそれぞれ分散・無力化することで、幕府官僚制の実現を目指した。そのために公布したのが、「武家諸法度《ぶけしょはっと》」「公家諸法度《くげ》」「寺院諸法度」である。

幕府の宗教政策では、寺院には宗派ごとに本山・末寺の縦割りの組織をつくらせ、法度を定めて規制した。

じつは、その寺院諸法度のモデルになるものがすでに曹洞宗でつくられていた。それは、峨山《がさん》派の流れをくむ古刹《こさつ》・大洞院《だいどういん》(静岡県森町《もりまち》)が法系の六派に対して慶長《けいちょう》十六年(一六一一)に定めた法度である。幕府は、各宗派に寺院諸法度を発布する前に、この大洞院六派の法度を草案として役立てた。

翌年、幕府は「天下曹洞宗法度」を定めた。これは五条からなっている。

第一条は、得度《とくど》から三十年以上修行した者でなければ住職になれない。第二条は、得度から二十年以上修行した者でなければ、坐禅修行の指導者（「江湖頭《ごうこがしら》」という）にはなれない。第三条は、一度寺を追放になった僧は、どの寺でも受け入れてはならない。第四条は、江湖頭となって五年以上修行した者でなければ、転衣《てんい》（一人前の僧として黒い袈裟《けさ》から色袈裟にかわること）は認められない。第五条は、末寺は本寺の定めたことに背くことは許されない。つまり、僧侶の位階や僧籍、そして本山と末寺の関係を幕府が統制したわけである。

この「天下曹洞宗法度」の末尾には「右従曹洞宗出案也」とあり、内容は大洞院六派の法度とほぼ同様である。この法度は、「関三刹《かんさんせつ》」（次項参照）と呼ばれる曹洞宗の宗政を司《つかさど》った寺院に布達された。

そして、元和《げんな》元年（一六一五）には、永平寺と總持寺《そうじじ》に対して、それぞれ「永平寺諸法度」「總持寺諸法度」が発布され、両本山制が再確認された。同時期に他宗派の本山にもほぼ同様の法度が発布されている。

Q11 「関三刹」って何？

江戸時代

幕府は寛永《かんえい》八年（一六三一）、新規に寺院を創建することを原則禁止とし、翌年には、各宗派に対して「寺院本末帳《じいんほんまつちよう》」（末寺帳）の提出を義務づけた。

しかし当時は、まだ末寺寺院まで完全には把握されていなかった。また、その歴史をたどっても、どこの門派に所属するかはっきりしない寺院も多く、そうした寺院の末寺化をめぐって相論が多発した。それでも、元和《げんな》元年（一六一五）前後から仏教各宗派の統制を始めた幕府は、その第一段階として「寺院諸法度」の発布をしたことは前項で述べたとおりだ。

幕府の宗教統制を現実のものにするには、法度《はつと》を定めるだけではなく実際に法度を動かす行政機関が不可欠である。幕府は当初、〝黒衣の宰相〟と異名された臨済宗の僧・崇伝《すうでん》（一五六九〜一六三三）らにその監督にあたらせ、実務については各宗派に対して宗政を司《つかさど》る有力寺院を「触頭《ふれがしら》」として任命した。触頭は、幕府の命令を本山および末寺院に行きわたらせ、寺院からの訴えを幕府に上申する役割を担った。

触頭は宗派によって呼び方が違った。臨済宗では「僧録《そうろく》」、浄土宗では「役者《やくしゃ》」、浄土真宗では「輪番《りんばん》」、曹洞宗では「大僧録《だいそうろく》」と呼ばれた。

曹洞宗の大僧録には、武蔵国《むさしのくに》の龍穏寺《りゅうおんじ》（埼玉県越生町《おごせまち》、136ページ参照）、下総国《しもうさのくに》の總寧寺《そうねいじ》（千葉県市川市）、下野国《しもつけのくに》の大中寺《だいちゅうじ》（栃木市）が任命され、関東の三大寺刹《さつ》ということで「関三刹《かんさんせつ》」といわれた。また、関三刹に加えて遠江国《とおとうみのくに》の可睡斎《かすいさい》（静岡県袋井市、83ページ参照）も大僧録に加わった。

大中寺の山門（栃木市大平町）。「根無し藤」「不断かまど」など大中寺七不思議の伝説でも知られる（写真提供・大平町観光協会）

関三刹が触頭に選ばれた理由は、江戸近郊にあり、それぞれの地域（国）の有力寺院であることだ。他宗派の触頭を見ても、浄土宗は江戸・芝の増上寺《ぞうじょうじ》、浄土真宗は浅草本願寺と築地本願寺が任命されている。そして可睡斎が選ばれたのは、家康との関係が深かったからであり、前項で述べた大洞院六派の中心的存在であったということも理由の一つであろう。関三刹は月番交代制によって宗務を管理した。

また、永平寺の住職も関三刹の住職から選ばれた。こうして関三刹は、全国の曹洞宗寺院約一万六千カ寺余りを管理することになり、二大本山と肩を並べるほどの権勢を誇った。

関三刹は全国を三分して、それぞれ担当の地域（国）を支配し、「録所《ろくしょ》」と呼ばれる僧録寺院を配下に置いた。その録所が各地の宗政を担い、末寺を統制することになる。ただし、家康のお膝元である駿河国《するがのくに》・遠江国・三河国《みかわのくに》、それに天領の伊豆国《いずのくに》の一部の曹洞宗寺院は可睡斎が担当した。

ちなみにそれぞれの支配国は、龍穏寺が二十二カ国・四千七百七十七カ寺、總寧寺が二十一カ国・二千七百三十二カ寺、大中寺が二十一カ国・六千三百三十八カ寺、可睡斎が四カ国・二千五百五十六カ寺となっている（『道元思想のあゆみ3』曹洞宗宗学研究所編より）。

関三刹が支配する国の割り振りについては相論の種になったようだが、最終的にはくじ引きで決まったようだ。こうして、二大本山を双頭とし、三関刹が管理するピラミッド型の組織統制が整えられていった。

そして崇伝没後の寛永十二年（一六三五）には、宗教行政機関として「寺社奉行」が置かれ、本末制度に関しては一定の成果を得た。

幕府は宗教統制の次の段階として「寺請制度《てらうけせいど》」の整備に入る。これは、民衆統治にも利用された。

寺請制度とは、キリスト教禁教政策の一つとして行われた統制で、すべての人がいずれかの仏教寺院の檀家《だんか》であることを寺院に証明させる制度のことである。寺院は、檀家に対して「寺請証文《しょうもん》」という証明書を発行し、幕府に対しては「宗門改帳《しゅうもんあらためちょう》」を作成した。宗門改帳は毎年書き改められ、戸籍の役割も果たした。幕府は慶長《けいちょう》十七年（一六一二）にキリスト教禁止令を出しているが、寛文《かんぶん》五年（一六六五）には日蓮宗不受不施派《ふじゅふせは》に対しても禁止令を出している。

こうして幕府の宗教統制は、寛文年間（一六六一〜七三）に制度面での完成を見たのである。

江戸時代

Q12 「江戸三箇寺」「関府六箇寺」って何？

前項で述べた「関三刹《かんさんせつ》」の執務については、幕府によって規定されていた。それによると、関三刹は一カ月交代で執務を担当し、当番寺の江戸宿舎で寄り合いを行うこととされた。そして、小さな裁決ごとに関しては当番寺のみの判で裁定書を出すが、重要事項に関しては三カ寺の連判にするとした。また、関三刹がいずれも不在の場合は、一時的に「江戸三箇寺《さんかじ》」が行うと定められていた。

この江戸三箇寺とは、總泉寺《そうせんじ》（東京都台東区橋場《はしば》にあったが現在は板橋区小豆沢《あずさわ》に移転、曹洞宗系単立寺院）、青松寺《せいしょうじ》（港区愛宕《あたご》）、泉岳寺《せんがくじ》（港区高輪《たかなわ》、156ページ参照）で、江戸の触頭《ふれがしら》（僧録《そうろく》）である。これらは、関三刹とあわせて「関府六箇寺《かんぷろつかじ》」とも呼ばれた。江戸三箇寺は、それぞれ関三刹の下寺《しもでら》として置かれたもので、本寺をサポートした。また、江戸三箇寺にも下寺が置かれ、バックアップ機能が働いていた。

● 関三刹、江戸三箇寺、下寺の関係

関府六箇寺		下寺
関三刹	江戸三箇寺	
武蔵国・龍穏寺	青松寺（愛宕）	天龍寺（牛込）
下総国・總寧寺	總泉寺（橋場）	功運寺（三田）
下野国・大中寺	泉岳寺（外桜田）	長谷寺（麻布）

總泉寺は、平安時代の創建とされ、戦国時代の弘治《こうじ》年間（一五五五～五八）に武蔵《むさしの》国《くに》の千葉氏によって再興された。大正十二年（一九二三）の関東大震災により焼失、現在地にあった大善寺《だいぜんじ》に間借りし、のちに合併した。

青松寺は、文明《ぶんめい》八年（一四七六）に伊《い》勢国《せのくに》（三重県）出身の禅僧・雲岡舜徳《うんこうしゅんとく》（一四三八～一五一六）が太田道灌《おおたどうかん》（136ページ参照）に招かれて開いた古刹《こさつ》。明治八年（一八七五）に青松寺の獅子窟《ししくつ》学寮内に開校された「曹洞宗専門学本校」が翌年、泉岳寺学寮とともに吉祥寺《きちじょうじ》学寮（旃檀林《せんだんりん》）に移り、現在の駒澤《こまざわ》大学に発展した（174ページ参照）。

江戸時代

Q13 「仁王禅」を説いた鈴木正三は家康の直参の家臣!?

禅僧にして仮名草子《かなぞうし》作家、そして武士であった鈴木正三《すずきしょうさん》（一五七九〜一六五五）は、三河国足助庄《みかわのくにあすけのしょう》（愛知県豊田市足助町）に、松平家の家臣・鈴木重次《しげつぐ》の長男として生まれた。徳川家康と二代将軍・秀忠《ひでただ》に仕えた。三十七歳で戦った大坂夏の陣（一六一五年）では秀忠の先陣として武功をたて、直参《じきさん》の旗本となり江戸に住む。その頃、職務の合間に多くの禅僧を訪ね歩いた。

仏教との出合いは十七歳のとき、『宝物集《ほうぶつしゅう》』という平安時代の仏教説話集だった。正三は江戸詰めの頃、城内にあった曹洞宗起雲寺《きうんじ》の住職・万安英種《ばんなんえいしゅ》（一五九一〜一六五四）を訪ねた。十二歳年下の万安は正三の質問に十分に答えられず、自坊を出て八王子の山中で修行したという。その話が噂《うわさ》になり、正三の名が高まった。万安は肥後《ひご》（熊本県）の大慈寺《だいじじ》に学び、のちに京都の興聖寺《こうしょうじ》を中興した高僧である。

正三は元和《げんな》六年（一六二〇）、四十二歳で突然出家する。その動機は不明である。旗本の出家は禁じられていたので、これは切腹覚悟のことだった。しかし、秀忠の温情により隠居扱いとなり、家督は甥《おい》の重長《しげなが》に継がれた。また実子の重辰《しげとき》は、弟の重成《しげなり》の養子にした。その後、正三は諸国行脚《あんぎや》を続け、四十六歳で故郷の石平《いしだいら》（愛知県豊田市）に庵《いおり》を結び、五年後、その地に恩真寺《おんしんじ》を開く。

寛永《かんえい》十四年（一六三七）、正三の弟・重成と養子になった重辰は島原の乱に従軍。その後、二人は天草の代官となる。正三も天草に赴《おもむ》き、荒れ果てた地に三年間で三十二カ寺を建てた。重成と重辰は天草の厳しすぎる年貢の取り立てを半減することに尽力。天草には鈴木三公の功績を崇《あが》め、鈴木神社が建立されている。

正三は、「仁王禅《におうぜん》」「不動禅《ふどうぜん》」などといわれる独自の禅を説いた。それは「煩悩《ぼんのう》は敵であるから、勇猛果敢に戦闘的精神で坐禅せよ」というものだった。そして世間に役立つのが真の仏法であるとして、在家仏教を主張した。

そして「仏法世法《ぶつぽうせほう》、二《に》にあらず」（仏道修行も日々の暮らしも同じである。毎日の仕事を正直に、世のためとして働くことが、すなわち仏道修行である）と教えた。

Q14 赤穂義士のお墓が泉岳寺にあるのは、なぜ？

江戸時代

「江戸三箇寺《さんかじ》」の一つである泉岳寺《せんがくじ》は、播磨国赤穂《はりまのくにあこう》藩主・浅野長矩《あさのながのり》（内匠頭《たくみのかみ》）と赤穂義士の墓所がある寺院としてあまりにも有名だ。それでは、なぜ赤穂義士は泉岳寺に葬られたのだろうか——。泉岳寺の歴史をたどれば答えは見えてくる。

泉岳寺は慶長《けいちょう》十七年（一六一二）、徳川家康が今川義元《いまがわよしもと》（一五一九～六〇）の菩提《ぼだい》を弔うために外桜田（千代田区永田町）に創建した寺院である。開山の門庵宗関《もんなんそうかん》（一五四六～一六二一）は義元の孫、あるいは縁者といわれる。また門庵は、家康の幼少時、義元のもとに人質として取られていたときの幼なじみだったらしい。泉岳寺が江戸三箇寺となったのは、家康の肝入りの寺院であったということだろう。

寛永《かんえい》十八年（一六四一）の大火によって伽藍《がらん》が焼失。現在地の港区高輪《たかなわ》に移転した。しかし、移転後の復興はなかなか進まず、三代将軍・家光《いえみつ》が、毛利《もうり》、浅野、朽木《くつき》、丹《に》羽《わ》、水谷《みずのや》の五大名に命じ、伽藍の再建がなされた。

浅野家と泉岳寺の関係はここから始まる。

浅野家は正保《しょうほう》二年（一六四五）に常陸国笠間《ひたちのくにかさま》藩から赤穂藩へ所替えになったとき、菩提寺として曹洞宗の花岳寺《かがくじ》（兵庫県赤穂市）を創建した。ちなみに、泉岳寺と同じ「岳」の字がついているが関係はないといわれる。

元禄《げんろく》十四年（一七〇一）三月十四日、江戸城中で吉良上野介《きらこうずけのすけ》（義央《よしひさ》）に対して刃傷沙汰《にんじょうざた》におよび、即日切腹になった浅野長矩、そして翌年十二月十四日、吉良邸に押し入って義央を討った赤穂義士の墓所は、山門をくぐって左手にある。

「赤穂四十七士」というが、泉岳寺には四十八基の墓塔がある。それは、討ち入り前に自刃した萱野重実《かやのしげざね》の供養墓を含めたからだ。また、四十七士の中でも間新六《はざましんろく》と寺坂吉右衛門《てらさかきちえもん》の墓塔は遺骨が埋葬されていない供養塔である。間の遺骨は遺族が引き取ったためで、寺坂は唯一切腹をまぬがれたからだ。

また、赤穂義士の遺児たちの赦免《しゃめん》のために力を注ぎ、正徳《しょうとく》四年（一七一四）に四十一歳で没した長矩の妻・瑤泉院《ようぜんいん》の供養塔（遺髪塔）もある。

Q15 古規復古・宗統復古に努めた月舟宗胡と卍山道白ってどんな人？

江戸時代

江戸時代の仏教各宗派は幕府の統制下に置かれ、民衆支配の一機構となった。いわゆる〝葬式仏教〟の始まりであり、寺院運営の安定によって仏教は堕落したともいわれる。しかし一方で、幕府は学問奨励政策をとったので、志の高い僧侶にとっては宗学研究に適した時代でもあった。前述したように、曹洞宗では江戸の吉祥寺《きちじょうじ》、青松《せいしょう》寺《じ》、泉岳寺《せんがくじ》に学寮（学問所）を設け、多くの修行僧が学んだ（153ページ参照）。

また、承応《じょうおう》三年（一六五四）に中国（明《みん》）の禅僧・隠元隆琦《いんげんりゅうき》（一五九二～一六七三）が来日し、戒律や嗣法《しほう》、清規《しんぎ》（生活規範）に厳しい黄檗宗《おうばくしゅう》を伝えたことで、曹洞宗は大きな刺激を受けた。

そのような時代に宗門改革運動を進めたのが、月舟宗胡《げつしゅうそうこ》（一六一八～九六）と卍山《まんざん》道白《どうはく》（一六三六～一七一五）である。月舟は肥前国《ひぜんのくに》（佐賀県・長崎県）の出身。十二歳で出家し諸国行脚《あんぎゃ》ののち、永平寺三世・義介《ぎかい》が加賀《かが》に開いた大乗寺《だいじょうじ》二十五世・白峯《はくほう》玄滴《げんてき》の法灯を嗣《つ》ぎ二十六世となる。卍山は備後国《びんごのくに》（広島県東部）の出身。七歳で出家し、高秀文春《こうしゅうぶんしゅん》のもとで開悟《かいご》。大乗寺に入り、月舟の法灯を嗣ぎ二十七世となる。

月舟は五十四歳で大乗寺の住職となると「祖師に還《かえ》れ」と大号令した。すっかり乱れていた清規を、道元や瑩山《けいざん》の時代に立ち戻ろうとする古規復古《こきふっこ》運動の旗を振った。大乗寺には、賛同した修行僧が全国から集まり厳しい修行が続けられた。月舟は『雲《うん》堂常規《どうじょうき》』を定め〝規矩大乗《きくだいじょう》〟と称された。

卍山は『雲堂常規』をさらに深化させた『椙樹林清規《しょうじゅりんしんぎ》』を定め、宗統復古運動に邁進《まいしん》した。宗統復古とは、開宗当初の曹洞宗の嗣法《しほう》に戻そうということである。曹洞宗では、師僧が弟子のさとりを認めて法灯が引き継がれる師資相承《ししそうじょう》が重視されている。つまり本師は一人である。ところが時とともに師資相承が乱れ、誰がどの法系かわからなくなるという状況だった。また、幕府が定めた本末制度は、師資相承の乱れに拍車をかけた。卍山は宗統の乱れを正すべく宗門改革を寺社奉行に訴え、認められた。

月舟と卍山はともに〝曹洞宗中興の祖〟といわれる。

Q16

宗学を大成させた面山瑞方とは？

江戸時代

月舟宗胡《げっしゅうそうこ》や卍山道白《まんざんどうはく》の古規復古《こきふっこ》・宗統復古運動をも批判し、徹底した道元回帰を主張したのが面山瑞方《めんざんずいほう》（一六八三〜一七六九）である。

面山は肥後国《ひごのくに》（熊本県）の出身。信仰心の篤《あつ》い母は、幼い面山に『念仏草紙《ねんぶつそうし》』『宝《ほう》物集《ぶつしゅう》』などの仏教説話を読み聞かせていたようだ。十五歳のとき、その母が没したのをきっかけとして地元寺院で得度《とくど》する。

元禄《げんろく》十六年（一七〇三）、二十一歳で江戸に出て、学寮のある青松寺《せいしょうじ》に入る。ちょうどその年は、卍山道白らの宗統復古の訴えが認められた年である。ともに月舟宗胡に教えを受けた卍山と損翁宗益《そんのうそうえき》（一六五〇〜一七〇五）に、面山は学ぶ。そこで卍山以上に相通じるものを感じたのが損翁だった。

面山は、陸奥国《むつのくに》の泰心院《たいしんいん》（宮城県仙台市）の住職となった損翁を追っていき、宝永《ほうえい》二年（一七〇五）に損翁から嗣法《しほう》するが、その年に損翁は没した。
「永祖《えいそ》（道元）の面を見て、他の面を見ざれ（見てはいけない）」
師が面山を枕元に呼んで残した遺戒《ゆいかい》（遺訓）である。道元の教えのみを信じて、修行に励むように、という意味だ。ここには、月舟の『雲堂常規《うんどうじょうき》』と卍山の『椙樹林《しょうじゅりん》清規《しんぎ》』についての批判があった。

月舟と卍山の定めた清規は、道元や瑩山《けいざん》のそれに拠《よ》ってはいるが、当時流行していた黄檗宗《おうばくしゅう》の『黄檗清規《おうばくしんぎ》』の影響を強く受けていたからである。彼らの復古運動は確かに意義のあるものだったが、面山は清規を立て直すには正しく古規復古を実践しなければならないとして、月舟と卍山を痛烈に批判した。

その批判が受け入れられるのは、面山が没して二十六年後の寛政《かんせい》七年（一七九五）だ。永平寺五十世の玄透即中《げんとうそくちゅう》が訴え、認められるまで待たなければならなかった。

面山は、古規復古のために道元の教えを徹底的に学んだ。道元の主著『正法眼《しょうぼうげん》蔵《ぞう》』を調べ尽くして『正法眼蔵渉典録《しょうてんろく》』十六巻を著すなど、著作は数百冊にのぼる。面山の業績は、江戸時代以降の曹洞宗宗学の基礎となった。

Q17 黄門さまに助けられ、日本に篆刻を伝えた中国の文人僧とは？

江戸時代

隠元隆琦《いんげんりゅうき》（一五九二～一六七三）によってもたらされた黄檗宗《おうばくしゅう》は、中国の新しい禅を伝え、瞬く間に大流行した。当時の中国は明《みん》から清《しん》に代わる端境期《はざかいき》であり、清の圧政を逃れるために来日した僧が数多くいた。その僧たちの多くが黄檗宗だった。彼らは禅の教えだけではなく、中国の最新の文化も伝えた。

東皐心越《とうこうしんえつ》（一六三九～九五）も日本に亡命した中国僧の一人である。心越は、中国曹洞宗寿昌派《じゅしょうは》の法灯を嗣《つ》いだ高僧である。さらに書画・篆刻《てんこく》・古琴《こきん》などをよくするいわゆる文人僧だった。心越は、隠元が肥前国《ひぜんのくに》長崎に最初に開いた興福寺《こうふくじ》の招きで延宝《えんぽう》五年（一六七七）来日したが、黄檗宗の僧ではないということから幽閉されてしまう。一説には国内を遊歴中に清の密偵と疑われて幽閉されたともいわれる。

そんな心越を助けたのが「黄門《こうもん》さま」こと徳川光圀《みつくに》（一六二八～一七〇一）である。

鎖国《さこく》政策をとっていた日本において、先進的な大名たちは中国の文人を招聘《しょうへい》し厚遇した。光圀は儒学者の朱舜水《しゅしゅんすい》（一六〇〇～八二）を江戸に招聘しており、その後継者として心越を指名したらしい。天和《てんな》元年（一六八一）に心越の江戸居留の許可を得てから、光圀が水戸《みと》の天徳寺《てんとくじ》を明の寺院様式に改築して心越を迎えることができたのは十年後だった。心越はここで篆刻や古琴を伝えたことから「日本篆刻の祖」「日本琴楽中興の祖」といわれる。篆刻とは、篆書（中国の古い漢字書体の一種）を印に刻むこと。一般的には書や画に押す落款《らっかん》を刻むことである。心越は、榊原篁洲《さかきばらこうしゅう》や松浦静軒《まつうらせいけん》といった弟子を育てている。また書も有名で、多くの作品が現存している。

心越が伝えた琴は「七弦琴《しちげんきん》」という古琴だ。『源氏物語』にも登場する七弦琴だが、心越が日本に来た頃にはすでに消滅していた。心越は日本にはもうないという情報を得ていたかは不明だが、来日の際に七弦琴を十面も船に積んできたといわれる。

その後、正徳《しょうとく》二年（一七一二）に天徳寺は「祇園寺《ぎおんじ》」と改称し、心越を開山とした。祇園寺は曹洞宗とは一線を画すかたちで「曹洞宗寿昌派本山」と公称し、末寺が三十カ寺以上の大寺となったが、明治維新後には曹洞宗と合同している。

Q18 良寛ってどんな人だったの？

江戸時代

「良寛《りようかん》さん」と誰からも親しみを込めて呼ばれる大愚良寛《たいぐりようかん》（一七五八〜一八三一）。歌人や漢詩人、書家というイメージが強いが、道元禅の実践者として曹洞宗屈指の名僧でもある。良寛は、越後国出雲崎《えちごのくにいずもざき》（新潟県出雲崎町）の名主《なぬし》（村落の代表者）の長男として生まれた。内気で優しい性格だったらしい。当時の出雲崎は、佐渡金山《さどきんざん》の玄関口としておおいに賑《にぎ》わっていた。父は俳人であり、神社の神主も務めていた。父方の祖父も俳人であり、弟妹や甥《おい》も歌人と文学に通じた一族の出である。

十八歳で名主見習いとなるが官民相手の俗事には向かず、家督を弟の由之《ゆいし》に譲り、地元の光照寺《こうしようじ》の玄乗破了《げんじようはりよう》に師事する。二十二歳で玄乗の師である大忍国仙《だいにんこくせん》が住職を務める備中国《びつちゆうのくに》の円通寺《えんつうじ》（岡山県倉敷市）に入る。

円通寺は修行が厳しいことで知られ、ここでの日々によって良寛は禅僧として磨かれた。そして『正法眼蔵《しょうぼうげんぞう》』に出会い、道元禅を深めていった。寛政《かんせい》二年（一七九〇）、三十三歳で国仙から印可《いんか》を得る。その後、諸国を行脚《あんぎゃ》して三十九歳で故郷に帰った。しかし、すでに家は傾き没落寸前で、歓迎されるはずもなかった。

それからの後半生が、「良寛さん」の真骨頂である。国上山《くがみやま》の山中の五合庵《ごごうあん》（新潟県燕《つばめ》市）に入り、清貧の生活を送る。詩や和歌を詠《よ》み、晴れた日には山をおりて托《たく》鉢《はつ》をし、山村の子供たちと日がな遊ぶ。何ごとにも無心に、自然体で向き合う姿はそのまま仏の姿であり、これこそがまさに道元禅の実践である。

形見《かたみ》とて　何かのこさむ　春は花　夏ほととぎす　秋は紅葉《もみじ》ば

「ご覧のとおり、形見として分けるものは何ひとつありませんが、春に花が咲けば、それを形見だと思ってください。夏のホトトギスが鳴いたなら、それを形見だと思ってください。秋に美しく紅葉したなら、それを形見だと思ってください」

自然の中に心を遊ばせることこそ無上の歓《よろこ》びである――良寛の辞世である。

Q19 江戸時代の曹洞宗には個性的な禅僧がたくさんいた!?

江戸時代

江戸時代、道元の教えを独自に咀嚼《そしゃく》し、実践した僧たちがいた。

風外慧薫《ふうがいえくん》（一五六八～一六五四？）は上野国《こうずけのくに》（群馬県）の出身。元和《げんな》八年（一六二二）頃、相模国《さがみのくに》・成願寺《じょうがんじ》（神奈川県小田原市）の住職だったが、曾我《そが》山中の巌窟《がんくつ》に籠もって修行生活を送り、「穴風外《あなふうがい》」と呼ばれた。教えを乞《こ》いに来る僧から逃れるために別の山の巌窟を転々としたという。絵画をよくし達磨《だるま》や布袋《ほてい》を好んで描いた。

桃水雲渓《とうすいうんけい》（一六一二～八三）は筑後国《ちくごのくに》（福岡県南部）の出身。江戸・吉祥寺《きちじょうじ》の学寮に学んだ学僧だ。「乞食桃水《こつじきとうすい》」と呼ばれるように、晩年は乞食《こじき》たちの中に身を置いて彼らの世話をした。また、草履《ぞうり》や酢を作って売って糊口《ここう》をしのいだといわれる。

風外本高《ふうがいほんこう》（一七七九～一八四七）は伊勢国《いせのくに》（三重県）の出身。いくつかの寺院の住職を務めた後、摂津《せっつ》に円通院《えんつういん》（大阪市北区）、伯耆《ほうき》に徳林寺《とくりんじ》（鳥取県三朝町《みささちょう》）を開く。

書画にすぐれており、その署名の風外の「風」の字が「凧《たこ》」そっくりに見えたので「たこ風外」と呼ばれた。大寺や権力を嫌い、あるとき大名が礼を尽くして招いたら、アカンベーをして断ったという逸話もある。

物外不遷《もつがいふせん》（一七九五～一八六七）は、伊予国《いよのくに》（愛媛県）の出身。手に負えないほどのいたずらっ子で、五歳で地元寺院に預けられる。十二歳で安芸国《あきのくに》・伝福寺《でんぷくじ》（広島市）に引き取られ、修行後に道場に通い、武術を身につける。こんな逸話がある。江戸で修行中、古道具屋で気に入った碁盤を買おうとしたが持ち合わせがなかった。後で払うから他人に売らないでくれという物外に、店主は手付けを置いていけと譲らない。それに怒った物外は、碁盤を裏返して、「これがワシの手付けじゃ」と拳《こぶし》で殴りつけた。見ると、碁盤がへこんで拳の痕《あと》がくっきりとついていた。

指月布袋図《しげつほていず》（駒澤大学蔵）。画、賛ともに風外慧薫の筆（写真提供・駒澤大学図書館）

Q20

明治～昭和を代表する名僧、澤木興道について教えて？

明治時代以降

江戸時代中期、臨済宗では中興の祖・白隠慧鶴《はくいんえかく》（一六八六～一七六九）が出て、風刺的な禅画と仮名書きの和讃《わさん》で民衆に禅をひろめるとともに、古《いにしえ》の公案《こうあん》を整理して後進の指針とした。それ以降、「禅といえば、さとりを得るために坐《すわ》る臨済禅」という風潮は、昭和の時代になっても続いていた。

そうした当時の仏教界に、「只管打坐《しかんたざ》」の曹洞禅を甦《よみがえ》らせたのが、「宿無し興道」と呼ばれた澤木興道《さわきこうどう》（一八八〇～一九六五。法号・祖門興道《そもんこうどう》）だ。

興道は明治十三年（一八八〇）、三重県津市に生まれ幼くして両親を亡くし、提灯《ちょうちん》屋とは名ばかりの博打《ばくち》打ちに預けられた。興道は、遊廓《ゆうかく》の裏町で賭博の見張り番や寄席の下足番をしながら育ち、九歳のとき、売春宿で急死した男を見て無常観にとらわれる。そんな中、珍しく教養があり誠実な生活をしていた隣の表具屋《ひょうぐや》の長男に中国古典を教えてもらうのだけが楽しみだった。世の中には、肩書きや金銭、享楽ではない、真実がある。しかし自分の現状とのギャップに悩み、出家を志し十七歳で出奔。

小田原提灯と米二升、所持金二十七銭だけで四日四晩歩きつづけ、ようやく大本山永平寺までたどりつく。さらに二昼夜飲まず食わずで頼みこみ、ようやく男衆《おとこしゅう》（雑用係）として置いてもらうことが許されたときのうれしさといったらなかったという。

お盆に維那職《いのうしょく》（僧堂の総監督）の自坊に手伝いに行ったときのこと。雑用が済み、奥の座敷で興道が一人で坐禅をしていると、いつも興道をこき使っているお婆さんが食器を仕舞おうと入ってきて、あっと驚き、本尊の仏に対するよりも丁寧に拝んだという。この体験によって坐禅の尊さを知り、坐禅こそ自分の一生涯をかけてすべきものであると確信した。

十八歳で得度《とくど》。兵役により日露戦争では瀕死《ひんし》の重傷を負っている。二十七歳で退役した興道は、永平寺の眼蔵会《げんぞうえ》（『正法眼蔵《しょうぼうげんぞう》』の講読会）初代講師を務めた丘宗潭《おかそうたん》に学ぶ。宗潭に準師家《じゅんしけ》の印可《いんか》を授けるといわれるが興道は断った。師家とは僧堂で雲水の修行を指導する老師のことである。師家から印可を授かれば、その派閥に入ることになる。興道は生涯、誰からも印可を受けなかった。興道は奈良県の廃寺にひとり籠もって坐禅にうちこむが、三年ほどして宗潭の命《めい》を受け元九州本山・大慈寺《だいじじ》（熊本市）に入り、旧制第五高等学校の生徒に坐禅を指導。以後、各地の坐禅道場を転々とし、昭和十年（一九三五）に大本山總持寺後堂職《そうじじごどうしょく》（僧堂の指導長）となる。駒澤《こまざわ》大学特任教授も兼任し、それまで選択科目であった坐禅を必修科目とさせ、徹底した坐禅教育を行った。このほか、「関三刹《かんさんせつ》」にかぞえられた栃木市の大中寺《だいちゅうじ》に天暁禅苑《てんぎょうぜんえん》（のち閉単《へいたん》）、宗潭が大正十年（一九二一）に開き荒廃していた京都市の安泰寺《あんたいじ》に紫竹林《しちくりん》参禅道場を開く。駒澤大学退任後は、安泰寺で弟子の内山興正《こうしょう》（一九一二〜九八。法号・道融興正《どうゆうこうしょう》）とともに後進の指導に当たった。

檀家《だんか》を持たず坐禅と托鉢《たくはつ》に徹した安泰寺は世に知られるところとなり、国内ばかりでなく世界各地から修行者が集った。その後、安泰寺は手狭となったことと喧噪《けんそう》を離れて昭和五十一年（一九七六）に兵庫県の日本海沿いの新温泉町《しんおんせんちょう》に移った。

興道は安泰寺五世、興正は六世にかぞえられ、現在の住職はドイツ人僧の九世・ネルケ無方《むほう》（一九六八〜）に引き継がれている。

パリの仏国禅寺《ぶっこくぜんじ》を拠点にヨーロッパ全域で禅の普及に貢献した弟子丸泰仙《でしまるたいせん》（一九一四～八二）が興道の最後の弟子となる。泰仙は十八歳で興道と出会い出家を志すも、興道に在家のままで修行を続けるようにいわれて以来、興道の行くところどこへでも従い、参禅した。得度したのは興道が没した年である。法号は黙堂泰仙《もくどうたいせん》。

「坐禅は龍《りゅう》の蟠《わだかま》るがごとく、颯爽《さっそう》たる姿勢と凛々《りんりん》たる気迫がこもっていなければならない」

澤木興道老師坐禅像。金保正智作（駒澤大学禅文化歴史博物館蔵）

この興道の言葉を実践する泰仙の姿がモデルの「蟠龍《ばんりゅう》」の木像が、興道の木像と並んで駒澤《こまざわ》大学禅文化歴史博物館に安置されている。興道は「ただ坐る」という「只管打坐《しかんたざ》」を貫き、妻帯もせず一所不住、八十六年間の一生を通じて実践してみせた。

明治時代以降

Q21 百八歳の天寿を全うした永平寺前貫首・宮崎奕保って、どんな人？

数え年百八歳の天寿を全うするまで修行僧の先頭に立って坐禅一筋の生涯を貫いた、曹洞宗大本山永平寺七十八世・宮崎奕保《みやざきえきほ》（一九〇一～二〇〇八。法号・栴崖奕保《せんがいえきほ》）。

「いつ死んでもいいという気持ちになるのがさとりだと思っていたが、〝平気で生きる〟という気持ちがさとりだとわかった。死ぬときがくれば死ぬる。生きるときは平気で生きる。平気で生きるというのは難しい」「坐禅をすれば善き人となる」

最晩年、こう語っている。さとりとは、いつも平気でいられること。それは、あるがままを受け入れること。時が来ればちゃんと花が咲き、黙って去っていく。真理を黙って実行するのが大自然だ。それが実行であり、教えであり、真理なのだ。

奕保は昭和二十二年（一九四七）、まさにこれからという四十七歳のときに病を得、自坊の福田寺《ふくでんじ》（兵庫県加古川市《かこがわし》）で二年間休養。永平寺単頭《たんとう》（後堂《ごどう》に次ぐ僧堂の指導職）に就任した翌年だった。六十七歳で永平寺の眼蔵会《げんぞうえ》講師を務めた翌年に再び倒れ、結核を併発。入院生活は三年四カ月にもおよんだ。三日ともたないといわれたほどの重症だったが、「どうせ死ぬのなら、坐禅をして死のう」と思い、誰に止められても坐禅をしつづけたという。

奕保は縁あって十一歳で福田寺に入ったが、最初は坐禅を嫌々《いやいや》やっていた。しかし、恩師の温かい屍骸《しがい》にふれた二十九歳のとき、「偉い人やったな」と気づく。八十歳を過ぎて修行僧と同じものを食べ、修行僧と同じ私《わたくし》のない生活をしていた。恩師を手本にしようと決心。いくら思うことや言うことが真っすぐでも、実行することがダメだったらそれはインチキだ。禅とは、坐禅の姿勢のようにすべてが真っすぐなことだという。退院後は、北海道で最初に開かれた中央寺《ちゆうおうじ》（札幌市中央区）に赴任、九十三歳で永平寺貫首《かんしゆ》となった。禅師号「黙照天心禅師《もくしようてんしん》」。

平成二十年（二〇〇八）一月五日、札幌の病院にて示寂《じじやく》。小さな紙に書かれた遺偈《ゆいげ》（辞世）は「慕古真心《もこしんじん》」（永遠に真実を探し求める偽りのない心の意味）に始まっている。その後には「さようなら　ありがとう」の文字があった。

Q22 曹洞宗に関係する学校を教えて？

明治時代以降

曹洞宗に関係する学校は駒澤《こまざわ》大学をはじめ、大学院から付属幼稚園に至るまで全国に数多くある（次ページ表参照）。

駒澤大学は、安土・桃山時代の文禄《ぶんろく》元年（一五九二）、現在の東京の本郷あたりにあった吉祥《きちじょう》寺《じ》境内《けいだい》に開設された学寮《がくりょう》（宗門の学問所）に始まる。吉祥寺は江戸明暦《めいれき》の大火（一六五七）後に駒込《こまごめ》に移り、学寮は「旃檀林《せんだんりん》」と命名された。旃檀（栴檀）とは香木《こうぼく》である白檀《びゃくだん》の別名だ。「旃檀の林は香り高い聖域で雑樹の生える余地はない。そこに住むのは百獣の王たる獅子《しし》だけである」という意味から、人中の王たる釈迦《しゃか》の教えを学ぶ所として「旃檀林」と名づけたわけである。以後、宗派を問わず学寮を「檀林」「学林」などと呼ぶようになった。

明治時代、愛宕《あたご》の青松《せいしょう》寺《じ》学寮獅子窟《ししくつ》に置かれていた僧侶育成のための「曹洞宗専門学本校」と外桜田にあった泉岳寺《せんがくじ》学寮を吉祥寺学寮旃檀林に移したのち、麻布《あざぶ》へ新築移転。明治十五年（一八八二）に「曹洞宗大学林専門学校」となる。現在地（東京都世田谷区）へ移転し、「駒澤大学」と改称されたのは大正十四年（一九二五）である。寺院の子弟だけでなく、一般学生に広く門戸を開いた。

● 曹洞宗のおもな教育機関

	学校名	所在地
【大学・大学院】	駒澤大学・大学院	東京都世田谷区
	苫小牧駒澤大学	北海道苫小牧市
	東北福祉大学・大学院	宮城県仙台市
	駒沢女子大学・大学院	東京都稲城市
	鶴見大学・大学院	神奈川県横浜市
	愛知学院大学・大学院	愛知県日進市
【短大】	駒沢女子短期大学	東京都稲城市
	鶴見大学短期大学部	神奈川県横浜市
	愛知学院大学短期大学部	愛知県名古屋市
【中学校・高校】	駒澤大学附属苫小牧高等学校	北海道苫小牧市
	駒澤大学高等学校	東京都世田谷区
	世田谷学園中学校・高等学校	東京都世田谷区
	駒沢学園女子中学校・女子高等学校	東京都稲城市
	鶴見大学附属中学校・高等学校	神奈川県横浜市
	愛知中学校・愛知高等学校	愛知県名古屋市
	豊川高等学校	愛知県豊川市
【幼稚園】	福聚幼稚園	宮城県仙台市
	駒沢女子短期大学付属こまざわ幼稚園	東京都稲城市
	鶴見大学短期大学部附属三松幼稚園	神奈川県横浜市

Q23 曹洞宗の組織はどうなっているの？ 専門僧堂や一般の参禅施設はどこにあるの？

明治時代以降

曹洞宗は、永平寺と總持寺《そうじじ》を両大本山として、一般寺院約一万五千寺、僧侶約一万六千人、そして多くの檀信徒《だんしんと》を持つ日本有数の大仏教教団である。

宗教法人としての教団責任者を管長《かんちょう》といい、曹洞宗の管長は任期を二年として両大本山の貫首《かんしゅ》（住職）が交互に就任する。その事務所を曹洞宗宗務庁といい、東京都港区芝に置かれている。

曹洞宗の僧侶養成機関としては、現在、両大本山の僧堂をはじめ国内各地に二十九の僧堂がある。そのうち尼僧堂は現在、愛知県と富山県にある。

一般向けに坐禅会を行っている寺院は、日本全国に大小多数ある。曹洞宗宗務庁のインターネットサイトや、各地域の教化《きょうか》センター（全国を九つに分けて曹洞宗の布教活動を統括する組織。次ページ表参照）で問い合わせを受け付けている。

● 曹洞宗の教化センター一覧

教化センター	所在地
北海道管区教化センター	札幌市中央区南7条西4丁目 玉宝禅寺祖院内
東北管区教化センター	仙台市泉区市名坂楢町　宮城県宗務所内
関東管区教化センター	さいたま市大宮区宮町　東光寺内
北信越管区教化センター	長野市吉田町　永祥寺内
東海管区教化センター	名古屋市東区代官町　永平寺名古屋別院内
近畿管区教化センター	神戸市兵庫区羽坂通　八王寺内
中国管区教化センター	米子市東福原　ウエストビル402号室
四国管区教化センター	新居浜市山根町　瑞応寺内
九州管区教化センター	福岡市博多区吉塚　明光寺内

そのほかに、「梅花講《ばいかこう》」と呼ばれる檀信徒の会がある。皆で鈴《れい》を振り、鉦《しょう》を叩《たた》きながらとなえる「梅花流詠讃歌《ばいかりゅうえいさんか》」（和語で歌う仏讃歌）を練習し、曹洞宗の教えを学ぶ信仰の集いだ。そして年一回、梅花流全国奉詠大会が開催されている。現在、六千二百の梅花講があり、十二万七千人の講員がいる。

また、曹洞宗の海外での布教の歴史は、明治三十六年（一九〇三）のペルーとハワイに始まる。現在はアメリカ・サンフランシスコの国際センターのもとに国際布教総監部を、アメリカにはハワイとロサンゼルスの二カ所、そしてブラジル・サンパウロとフランス・パリに置いて活発に布教活動を行っている。

もっと知りたい曹洞宗③

乞食行を続けながら句を詠んだ大正〜昭和の俳人・種田山頭火

季語や五七五という約束ごとにとらわれない自由律俳句で知られる俳人の種田山頭火《たねださんとうか》（1882〜1940）は、曹洞宗の僧でもある。乞食行《こつじきぎょう》（托鉢《たくはつ》）をしながら西日本を中心に旅を続け、60年足らずの人生で8000句を詠《よ》んだ。

山頭火は、現在の山口県防府《ほうふ》市の大地主の長男に生まれた。幼いとき、母が父の女遊びを苦に自宅の井戸に身を投げて自殺。それを目の当たりにし、深い心の傷を負う。俳句は10代半ばから始め、その評価は高かった。

早稲田大学に入学するが神経症のため中退。故郷に帰り結婚するも、34歳で家業の酒造業が倒産し家族離散。東京などを転々としたのち、41歳のとき熊本で泥酔して路面電車を急停車させたところを知り合いの新聞記者に助けられる。身元を引き受けてくれた市内の曹洞宗・報恩禅寺《ほうおんぜんじ》で翌年、得度《とくど》した。法号は「耕畝《こうほ》」。ところが句作への思いが高まり、わずか1年で母の位牌《いはい》と鉄《てつ》鉢《ぱつ》1つを持って漂泊の旅に出た。

代表句は「分け入つても分け入つても青い山」「鴉《からす》啼《な》いてわたしも一人」「鉄鉢の中へも霰《あられ》」など。辞世の句は「もりもり盛りあがる雲へあゆむ」。

日本人なら知っておきたい

道元と曹洞宗

◆

資料編

● 曹洞宗略年表

※改元年は新元号で表記

年号	西暦	できごと
正治2	1200	高祖・道元、京都に誕生
建保元	1213	道元、剃髪得度。師は天台座主・公円
建保3	1215	栄西(臨済宗開祖)没。懐奘(のちの永平寺2世)、比叡山にて出家
貞応2	1223	道元、師・明全(栄西の弟子)と共に入宋。天童山景徳寺に入る
嘉禄元	1225	道元、如浄に師事。天童山にて明全没。道元、大悟
安貞元	1227	如浄没。道元、帰国。京都・建仁寺に仮寓、『普勧坐禅儀』を著す。翌年、寂円(のちの宝慶寺開山)来日か
1229年頃、懐奘が道元の門を叩くも入門を許されず		
寛喜3	1231	道元、京都・深草で『弁道話』を著す
天福元	1233	道元、京都・深草に興聖寺を開く。『正法眼蔵』40巻以上を撰述
文暦元	1234	懐奘、入門を許される。道元、『学道用心集』を著す(1357年刊行)
嘉禎元	1235	道元、懐奘に授戒
仁治2	1241	日本達磨宗の懐鑑はじめ義介・義演らが道元に参ず。義尹(のちの大慈寺開山)入門
寛元元	1243	道元、波多野義重の願いを聞いて越前に移転。吉峰寺などで示衆
寛元2	1244	道元、越前志比庄に大仏寺を開く(2年後、永平寺と改める)
宝治元	1247	道元、鎌倉へ下向。執権・北条時頼と会談、菩薩戒授戒。翌年、帰山
建長4	1252	道元、発病(10月頃か)
建長5	1253	道元、『正法眼蔵』最後の巻を著す。永平寺を懐奘に譲る(2世)。病気療養のため上洛、京都で示寂。懐奘、道元の遺骨を永平寺に持ち帰る
正元元	1259	義介、入宋(～1263)。『五山十刹図』などを記す
弘長元	1261	寂円、越前・銀椀峰の麓に宝慶寺を開く
文永元	1264	太祖・瑩山紹瑾、越前に誕生(生年については諸説ある)
文永4	1267	義介、永平寺3世となる
文永8	1271	瑩山、永平寺にのぼる
文永9	1272	義介、永平寺を出る。懐奘が永平寺に再住(三代相論の始まり)
建治2	1276	瑩山、懐奘のもとで得度。義雲(のちの宝慶寺2世)、寂円に参ず
弘安3	1280	懐奘没。義介が永平寺に再住
弘安5	1282	瑩山、宝慶寺ほか諸国歴遊(～1285)。義尹、肥後に大慈寺を開く
正応2	1289	義介が加賀に大乗寺を開き、瑩山も移る。義演が永平寺に入る(4世)
正応4	1291	瑩山、阿波に城万寺(城満寺)を開く
永仁3	1295	瑩山、大乗寺に戻り大悟。翌年、義介より嗣法
永仁6	1298	瑩山、大乗寺2世となる
正安元	1299	寂円没。義雲、宝慶寺2世となる
正安2	1300	瑩山、提唱開始(のちに『伝光録』となる)

延慶2	1309	義介没
正和元	1312	瑩山、能登に永光寺を開く
正和3	1314	義演没。宝慶寺の義雲が永平寺に入る（5世）
元亨元	1321	瑩山、諸嶽寺観音堂を寄進され、總持寺（現在の總持寺祖院）とする。翌年、後醍醐天皇より「日本曹洞賜紫出世之道場」の綸旨を賜る
正中元	1324	瑩山、總持寺を峨山に譲り、永光寺に戻る
正中2	1325	瑩山没。明峰、永光寺2世となる
正慶2	1333	義雲没。曇希が永平寺6世となる
暦応元	1338	明峰、大乗寺3世となる
暦応3	1340	永平寺、南北朝の戦火で焼ける
観応元	1350	明峰没
文和2	1353	南朝の後村上天皇、瑩山へ「仏慈禅師」の諡号を宣下
貞治3	1364	峨山、『峨山和尚山雲海月』提唱。一説に總持寺の輪住制を定める（5年交代）。２年後、峨山没
応安5	1372	永平寺、後円融天皇より「日本曹洞宗第一出世道場」の勅額を賜る
文明5	1473	永平寺、応仁の乱の兵火で焼ける
永正4	1507	永平寺、後柏原天皇より「本朝曹洞宗第一道場」の勅額を賜る
天文8	1539	永平寺、後奈良天皇より「日本曹洞第一出世道場」追認の綸旨を賜る
天正2	1574	永平寺、一向一揆で焼ける。翌年、織田信長、永平寺へ禁制を下す
天正17	1589	總持寺、後陽成天皇より「日本曹洞の本寺並びに出世道場」の綸旨を賜る。2年後、永平寺も同様の綸旨を賜る
元和元	1615	幕府、諸宗諸本山法度制定。永平寺と總持寺を二大本山とする
寛永12	1635	幕府、寺社奉行設置。触頭寺院設置
寛永14	1637	島原・天草の乱（～1638）。幕府、寺請制度開始
寛永17	1640	幕府、宗門改役設置。宗門人別帳の作成
安永元	1772	後桃園天皇、瑩山へ「弘徳円明国師」の諡号を宣下
享和2	1802	永平寺50世・玄透即中、『正法眼蔵』95巻開版発願（1806年完成）
安政元	1854	孝明天皇、道元へ「仏性伝東国師」の諡号を宣下
明治元	1868	明治維新。新政府、神仏分離令発布。廃仏毀釈運動起こる
明治4	1871	新政府、戸籍法制定により宗門人別帳・寺請制度廃止
明治12	1879	明治天皇、道元へ「承陽大師」の諡号を宣下
明治42	1909	明治天皇、瑩山へ「常済大師」の諡号を宣下
明治44	1911	總持寺、神奈川県横浜市鶴見へ移転
大正14	1925	「駒澤大学」と改称（1592年に設立された「学林」が始まり）
昭和49	1974	太祖・瑩山650回大遠忌奉修
平成14	2002	高祖・道元750回大遠忌奉修。駒澤大学に「禅文化歴史博物館」開館

● 禅宗の略系譜（インド・中国）

※『禅学大辞典』（大修館書店）、『正法眼蔵　道元禅師全集①』（春秋社）等を参考に作成

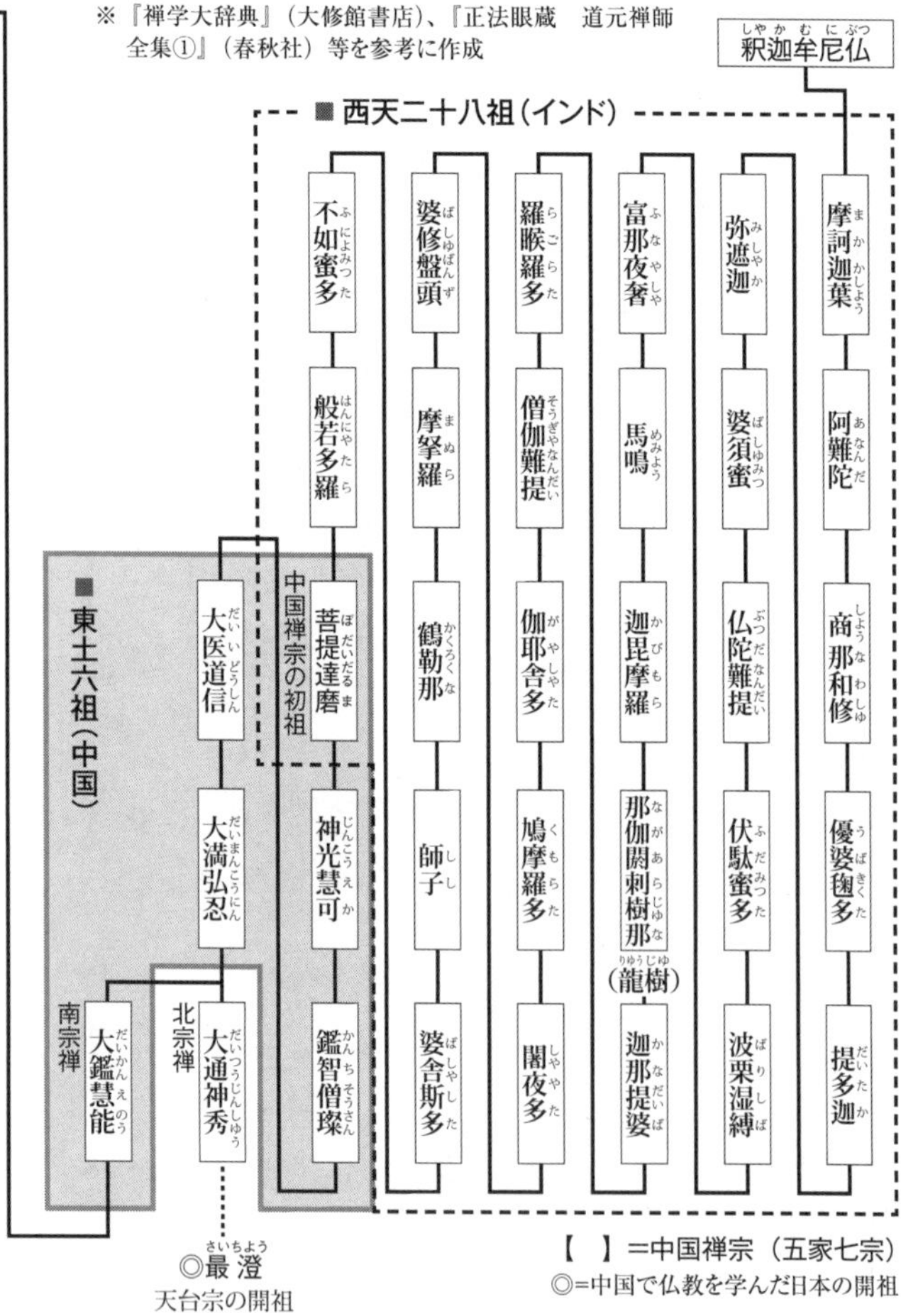

釈迦牟尼仏《しゃかむにぶつ》
■西天二十八祖（インド）
摩訶迦葉《まかかしょう》
阿難陀《あなんだ》
商那和修《しょうなわしゅ》
優婆毱多《うばきくた》
提多迦《だいたか》
弥遮迦《みしゃか》
婆須蜜《ばしゅみつ》
仏陀難提《ぶつだなんだい》
伏駄蜜多《ふだみつた》
波栗湿縛《ばりしば》
富那夜奢《ふなやしゃ》
馬鳴《めみょう》
迦毘摩羅《かびもら》
那伽閼剌樹那《ながあらじゅな》
（龍樹《りゅうじゅ》）
迦那提婆《かなだいば》
羅睺羅多《らごらた》
僧伽難提《そうぎゃなんだい》
伽耶舎多《がやしゃた》
鳩摩羅多《くもらた》
闍夜多《しゃやた》
婆修盤頭《ばしゅばんず》
摩拏羅《まぬら》
鶴勒那《かくろくな》
師子《しし》
婆舎斯多《ばしゃした》
不如蜜多《ふにょみった》
般若多羅《はんにゃたら》
菩提達磨《ぼだいだるま》
中国禅宗の初祖
■東土六祖（中国）
神光慧可《じんこうえか》
鑑智僧璨《かんちそうさん》
大医道信《だいいどうしん》
大満弘忍《だいまんこうにん》
南宗禅
大鑑慧能《だいかんえのう》
北宗禅
大通神秀《だいつうじんしゅう》
◎最澄《さいちょう》
天台宗の開祖

【　】＝中国禅宗（五家七宗）
◎＝中国で仏教を学んだ日本の開祖

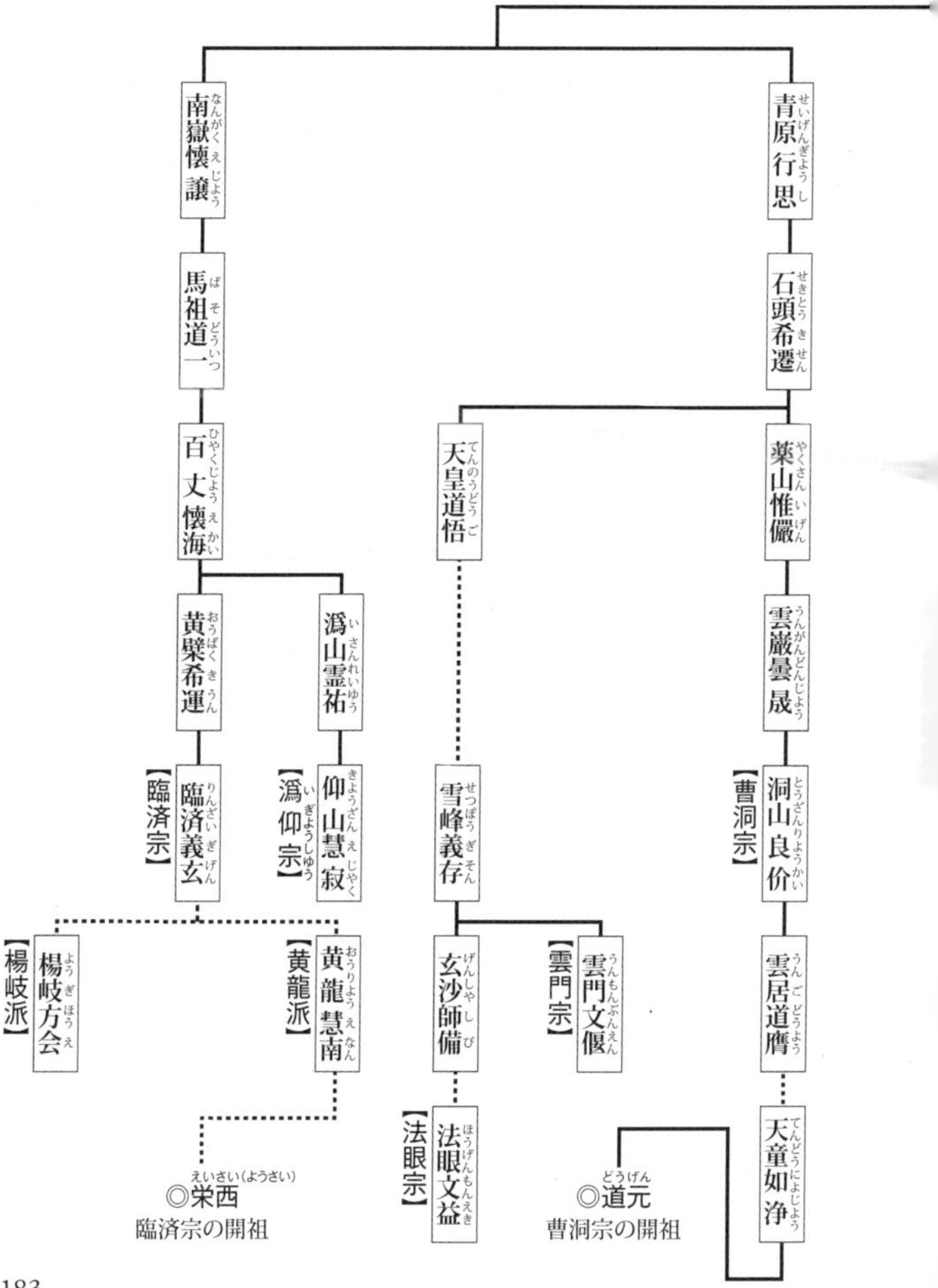

南嶽懐譲《なんがくえじょう》
馬祖道一《ばそどういつ》
百丈懐海《ひゃくじょうえかい》
黄檗希運《おうばくきうん》
潙山霊祐《いさんれいゆう》
臨済義玄《りんざいぎげん》
【臨済宗】
仰山慧寂《きょうざんえじゃく》
【潙仰宗《いぎょうしゅう》】
楊岐方会《ようぎほうえ》
【楊岐派】
黄龍慧南《おうりょうえなん》
【黄龍派】
◎栄西《えいさい(ようさい)》
臨済宗の開祖
青原行思《せいげんぎょうし》
石頭希遷《せきとうきせん》
天皇道悟《てんのうどうご》
薬山惟儼《やくさんいげん》
雲巌曇晟《うんがんどんじょう》
洞山良价《とうざんりょうかい》
【曹洞宗】
雪峰義存《せっぽうぎそん》
玄沙師備《げんしゃしび》
雲門文偃《うんもんぶんえん》
【雲門宗】
法眼文益《ほうげんもんえき》
【法眼宗】
雲居道膺《うんごどうよう》
天童如浄《てんどうにょじょう》
◎道元《どうげん》
曹洞宗の開祖

●日本曹洞宗の略系譜

※『禅学大辞典』(大修館書店)等を参考に作成

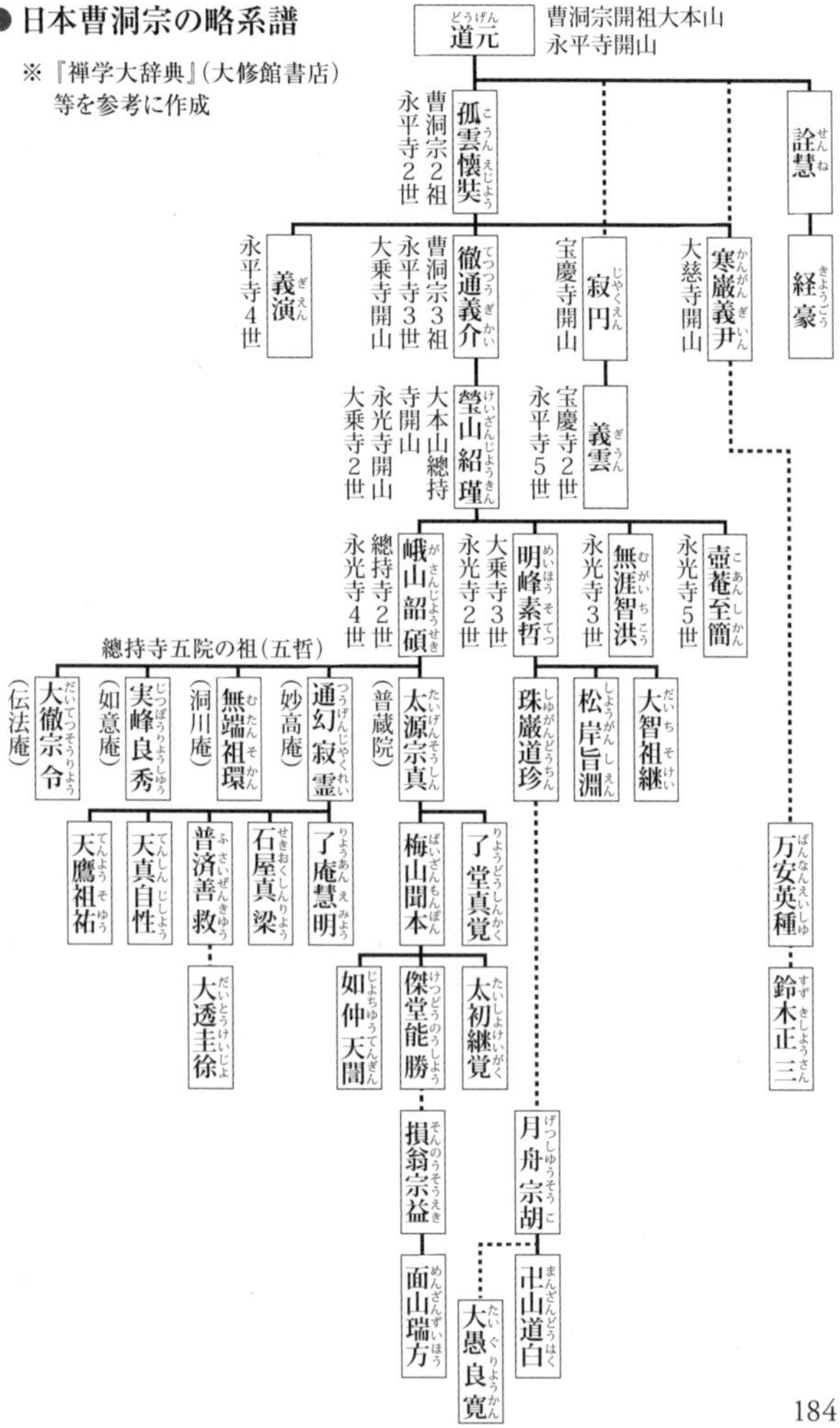

● 道元・瑩山ゆかりの北陸名刹図

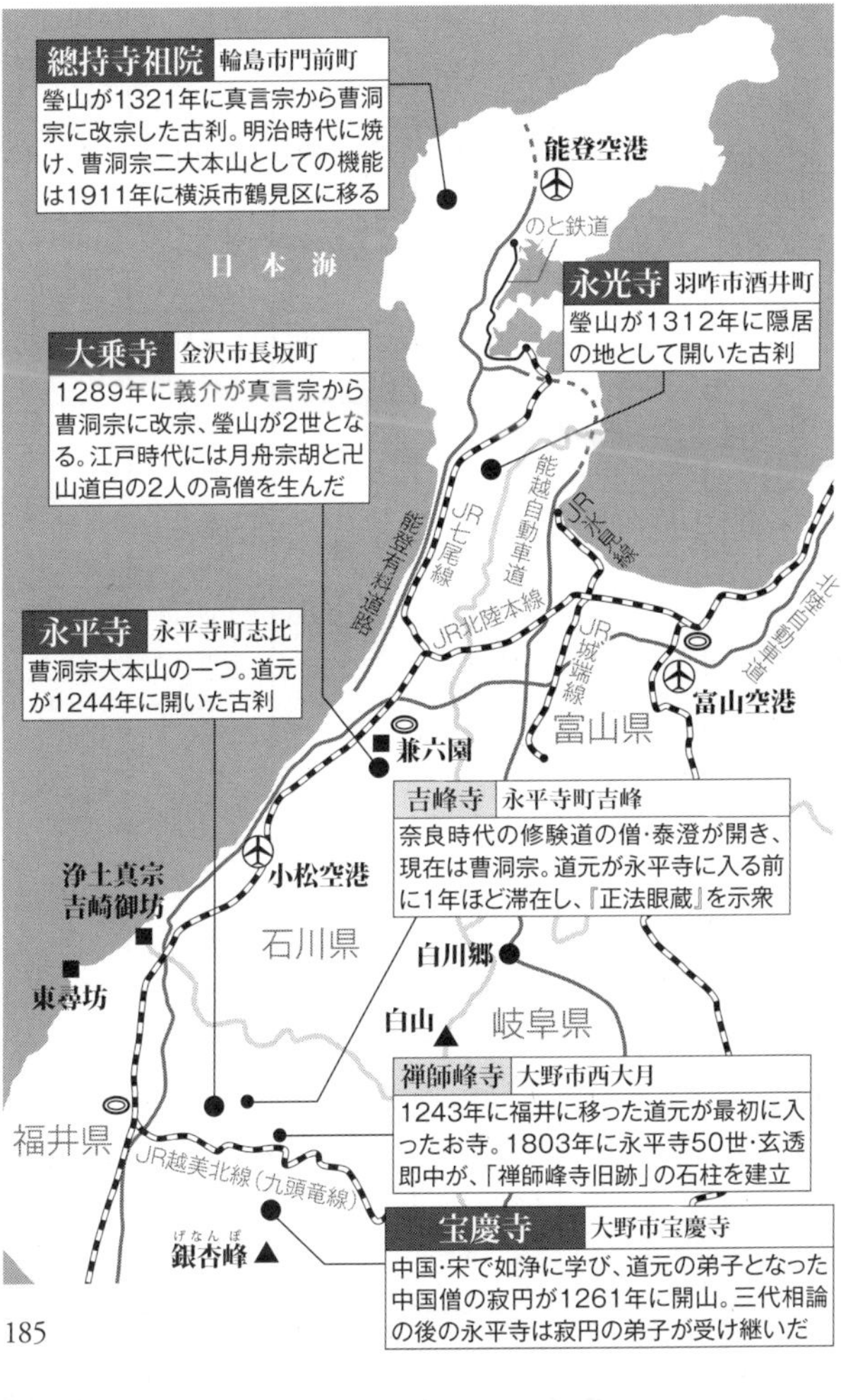
總持寺祖院　輪島市門前町
瑩山が1321年に真言宗から曹洞宗に改宗した古刹。明治時代に焼け、曹洞宗二大本山としての機能は1911年に横浜市鶴見区に移る
能登空港
のと鉄道
日本海
永光寺　羽咋市酒井町
瑩山が1312年に隠居の地として開いた古刹
大乗寺　金沢市長坂町
1289年に義介が真言宗から曹洞宗に改宗、瑩山が2世となる。江戸時代には月舟宗胡と卍山道白の2人の高僧を生んだ
能登有料道路
JR七尾線
能越自動車道
JR氷見線
JR北陸本線
北陸自動車道
JR城端線
永平寺　永平寺町志比
曹洞宗大本山の一つ。道元が1244年に開いた古刹
富山空港
富山県
兼六園
吉峰寺　永平寺町吉峰
奈良時代の修験道の僧・泰澄が開き、現在は曹洞宗。道元が永平寺に入る前に1年ほど滞在し、『正法眼蔵』を示衆
小松空港
浄土真宗
吉崎御坊
石川県
白川郷
東尋坊
白山
岐阜県
禅師峰寺　大野市西大月
1243年に福井に移った道元が最初に入ったお寺。1803年に永平寺50世・玄透即中が、「禅師峰寺旧跡」の石柱を建立
福井県
JR越美北線（九頭竜線）
宝慶寺　大野市宝慶寺
銀杏峰《げなんぽ》
中国・宋で如浄に学び、道元の弟子となった中国僧の寂円が1261年に開山。三代相論の後の永平寺は寂円の弟子が受け継いだ

● 大本山永平寺の歴代貫首一覧

※歴代貫首の法号と生没年（生没年は諸説あり）

世	法号	生没年
開山 仏性伝東国師 承陽大師	道元《どうげん》	1200～1253
2世	孤雲懐奘《こうんえじょう》	1198～1280
3世	徹通義介《てっつうぎかい》	1219～1309
4世	義演《ぎえん》	？　～1314
5世	義雲《ぎうん》	1253～1333
6世	曇希《どんき》	？　～1363
7世	以一《いいち》	？　～1388
8世	喜純《きじゅん》	？　～1401
9世	宗吾《そうご》	1343～1406
10世	永智《えいち》	？　～1440
11世	祖機《そき》	？　～1445
12世	了鑑《りょうかん》	？　～1457
13世	建綱《けんこう》	？　～1469
14世	建撕《けんぜい》	1415～1474
15世	光周《こうしゅう》	？　～1493
16世	宗縁《そうえん》	？　～1522
17世	以貫《いかん》	？　～1540
18世	祚棟《そとう》	？　～1560
19世	祚玖《そきゅう》	？　～1610
20世	門鶴《もんかく》	？　～1615
21世	海巖宗奕《かいがんそうえき》	？　～1621
22世	常智祚天《じょうちそてん》	？　～1631
23世	仏山秀察《ぶつざんしゅうさつ》	？　～1641
24世	孤峰龍札《こほうりゅうさつ》	？　～1646
25世	北岸良頓《ほくがんりょうとん》	1586～1648
26世	天海良義《てんかいりょうぎ》	？　～1650
27世	嶺巖英峻《れいがんえいしゅん》	1589～1674
28世	北州門渚《ほくしゅうもんしょ》	？　～1660
29世	鉄心御州《てつしんぎょしゅう》	？　～1664
30世	光紹智堂《こうしょうちどう》	1610～1670
31世	月洲尊海《げつしゅうそんかい》	1609～1683
32世	大了愚門《たいりょうぐもん》	1613～1687
33世	山陰徹翁《さんいんてつおう》	？　～1700
34世	馥州高郁《ふくしゅうこういく》	？　～1688
35世	版橈晃全《はんぎょうこうぜん》	1627～1693
36世	融峰本祝《ゆうほうほんしゅく》	？　～1700
37世	石牛天梁《せきぎゅうてんりょう》	1638～1714
38世	緑巖巌柳《りょくがんごんりゅう》	？　～1716
39世	承天則地《じょうてんそくち》	1655～1744
40世	大虚喝玄《たいこかつげん》	1661～1736

※『永平寺史』（大本山永平寺）、『新永平寺事典』（四季社）等を参考に作成

世	名	生没年
41世	義晃雄禅《ぎこうゆうぜん》	1671〜1740
42世	円月江寂《えんげつこうじゃく》	1694〜1750
43世	央元密巌《おうげんみつごん》	？〜1761
44世	大晃越宗《だいこうえつしゅう》	？〜1758
45世	宝山湛海《ほうざんたんかい》	1690〜1771
46世	弥山良須《みざんりょうす》	1696〜1771
47世	天海董元《てんかいとうげん》	？〜1786
48世	成山台明《せいざんたいみょう》	？〜1792
49世	大耕国元《たいこうこくげん》	？〜1793
50世	玄透即中《げんとうそくちゅう》	1729〜1807
51世	霊岳恵源《れいがくえげん》	1718〜1809
52世	独雄宣峰《どくゆうせんぽう》	？〜1835
53世	仏星為戒《ぶつせいいかい》	1742〜1818
54世	博容卍海《はくようまんかい》	？〜1821
55世	縁山大因《えんざんだいいん》	1763〜1825
56世	無庵雲居《むあんうんご》	1757〜1827
57世	載庵禹隣《さいあんうりん》	？〜1845
58世	道海大信《どうかいだいしん》	？〜1844
59世	観禅眺宗《かんぜんちょうしゅう》	？〜1848
60世	臥雲童龍《がうんどうりゅう》	1796〜1871
61世	環溪密雲《かんけいみつうん》	1817〜1884
62世	鉄肝雪鴻《てつかんせつこう》	1832〜1885
63世	魯山琢宗《ろざんたくしゅう》	1836〜1897
64世	大休悟由《だいきゅうごゆう》	1834〜1915
65世	寿硯黙童《じゅげんもくどう》	1841〜1916
66世	維室黙仙《いしつもくせん》	1837〜1920
67世	大夤元峰《だいいんげんぽう》	1842〜1933
68世	黙道慧昭《もくどうえしょう》	1862〜1944
69世	白龍天山《はくりゅうてんざん》	1863〜1941
70世	活龍禅戒《かつりゅうぜんかい》	1871〜1947
71世	玉堂瓏仙《ぎょくどうろうせん》	1876〜1968
72世	訓山玄彝《くんざんげんい》	1866〜1944
73世	祖学泰禅《そがくたいぜん》	1873〜1968
74世	博裔泰舜《はくえいたいしゅん》	1890〜1975
75世	鷲峰霊林《じゅほうれいりん》	1890〜1979
76世	明峰慧玉《めいほうえぎょく》	1896〜1985
77世	瑞岳廉芳《ずいがくれんぽう》	1905〜1993
78世	梅崖奕保《せんがいえきほ》	1901〜2008
79世	絶学諦法《ぜつがくたいほう》	1932〜

● 大本山總持寺の歴代貫首一覧

※歴代貫首の法号と生没年

仏慈禅師
弘徳円明国師
開山　常済大師

瑩山紹瑾《けいざんじょうきん》　1264〜1325

第2世

峨山韶碩《がさんじょうせき》　1276〜1366

■ 塔頭五院による輪住制（峨山没後、明治3年まで）

五院の祖（五哲）

- 無端祖環《むたんそかん》　？〜1387（洞川庵）
- 太源宗真《たいげんそうしん》　？〜1371（普蔵院）
- 実峰良秀《じっぽうりょうしゅう》　1318〜1405（如意庵）
- 通幻寂霊《つうげんじゃくれい》　1322〜1391（妙高庵）
- 大徹宗令《だいてつそうりょう》　1333〜1408（伝法庵）

■ 明治3年以降

- 1世　梅崖奕堂《せんがいえきどう》　1804〜1871
- 2世　大岡楳仙《だいこうばいせん》　1825〜1901
- 3世　穆山瑾英《ぼくさんきんえい》　1821〜1910
- 4世　牧牛素堂《ぼくぎゅうそどう》　1841〜1920
- 5世　穆英石禅《ぼくえいせきぜん》　1864〜1927
- 6世　玄光道山《げんこうどうざん》　1847〜1929
- 7世　大忍孝道《だいにんこうどう》　1857〜1934
- 8世　雷澍泰音《らいじゅたいおん》　1860〜1937
- 9世　天祐道海《てんゆうどうかい》　1874〜1940
- 10世　白龍天山《はくりゅうてんざん》　1863〜1941
- 11世　活龍禅戒《かつりゅうぜんかい》　1871〜1947
- 12世　玉堂瓏仙《ぎょくどうろうせん》　1876〜1968
- 13世　宝雲界珠《ほううんかいじゅ》　1881〜1943
- 14世　実山篤立《じつざんとくりゅう》　1861〜1943
- 15世　訓山玄彝《くんざんげんい》　1866〜1944
- 16世　祖学泰禅《そがくたいぜん》　1873〜1968
- 17世　本行玄宗《ほんぎょうげんしゅう》　1869〜1963
- 18世　瑩堂智璨《けいどうちさん》　1879〜1967
- 19世　絶海勝俊《ぜつかいしょうしゅん》　1891〜1979
- 20世　形山瑾映《ぎょうざんきんえい》　1902〜1982
- 21世　快光信隆《かいこうしんりゅう》　1906〜2000
- 22世　得道芳髄《とくどうほうずい》　1905〜1998
- 23世　雲海興宗《うんかいこうしゅう》　1927〜
- 24世　大鼎晃仙《だいていこうせん》　1917〜2011
- 25世　徹玄辰三《てつげんしんざん》　1928〜

●曹洞宗の専門僧堂一覧

曹洞宗の僧侶養成機関として、現在、両大本山の僧堂をはじめ国内各地に29の専門僧堂がある。

寺名	所在地
◎大本山僧堂	
大本山永平寺	福井県吉田郡永平寺町
大本山總持寺	神奈川県横浜市
◎専門僧堂	
定光寺	北海道釧路市
中央寺	北海道札幌市
正法寺	岩手県奥州市
善寶寺	山形県鶴岡市
好国寺	福島県福島市
大本山永平寺別院長谷寺	東京都港区
西有寺	神奈川県横浜市
最乗寺	神奈川県南足柄市
大榮寺	新潟県新潟市
長国寺	長野県長野市
可睡斎	静岡県袋井市
妙厳寺（豊川稲荷）	愛知県豊川市

寺名	所在地
日泰寺	愛知県名古屋市
愛知専門尼僧堂	愛知県名古屋市
富山専門尼僧堂	富山県富山市
大本山總持寺祖院	石川県輪島市
大乗寺	石川県金沢市
宝慶寺	福井県大野市
御誕生寺	福井県越前市
発心寺	福井県小浜市
興聖寺	京都府宇治市
智源寺	京都府宮津市
洞松寺	岡山県小田郡矢掛町
瑞應寺	愛媛県新居浜市
明光寺	福岡県福岡市
安国寺	福岡県福岡市
晧台寺	長崎県長崎市

（令和元年11月現在）

【参考文献】

井上清司・櫻井秀雄『永平寺』（曹洞宗宗務庁、一九六九年）／秋月龍珉『道元入門』（講談社現代新書、一九七〇年）／井上清司・櫻井秀雄『總持寺』（曹洞宗宗務庁、一九七一年）／笠原一男編『日本宗教史Ⅰ』（山川出版社、一九七七年）／禅学大辞典編纂所編『禅学大辞典』（大修館書店、一九七八年）／大法輪編集部編『日本仏教宗派のすべて』（大法輪閣、一九八一年）／永平寺史編纂委員会編『永平寺史』（大本山永平寺、一九八二年）／『禅の世界』（読売新聞社、一九八三年）／山野上純夫・横山真佳・田原由紀雄『仏教宗派の常識』（朱鷺書房、一九八四年）／櫻井秀雄・大山興隆監修『仏教概論』（曹洞宗宗務庁、一九九二年）／『禅の本』（学研プラス、一九九三年）／曹洞宗宗学研究所編集『道元思想のあゆみ1～3巻』（吉川弘文館、一九九三年）／『曹洞宗大本山總持寺』（曹洞宗大本山總持寺、一九九六年）／藤井正雄総監修『うちのお寺は曹洞宗』（双葉社、一九九七年）／中野東禅『曹洞宗の常識』（朱鷺書房、二〇〇〇年）／中野東禅監修『曹洞宗のお経』（双葉社、二〇〇〇年）／大谷哲夫『永平の風　道元の生涯』（文芸社、二〇〇一年）／鏡島元隆監修、水野弥穂子訳註『正法眼蔵1　道元禅師全集』（春秋社、二〇〇二年）／大本山永平寺・南澤道人・楢崎通元監修『新永平寺事典』（四季社、二〇〇二年）／中野東禅『図解雑学 道元』（ナツメ社、二〇〇四年）／『一個人（保存版特集・日本の仏教入門）』（ベストセラーズ、二〇一〇年七月号）／『入門 日本の仏教』（洋泉社MOOK、二〇一一年）／角田泰隆監修『別冊太陽 日本のこころ　道元』（平凡社、二〇一二年）／『一個人（保存版特集・仏教宗派入門）』（ベストセラーズ、二〇一二年九月号）／大法輪閣編集部編『道元と曹洞宗がわかる本』（大法輪閣、二〇一三年）／今枝愛真『禅宗の歴史』（吉川弘文館、二〇一三年）／『仏教を歩く［改訂版］　道元』（朝日新聞出版、二〇一三年）

知恵の森

KOBUNSHA

日本人《にほんじん》なら知《し》っておきたい道元《どうげん》と曹洞宗《そうとうしゅう》

教義《きょうぎ》と宗派《しゅうは》の歴史《れきし》がスッキリわかる

監修者 — 山折哲雄（やまおり てつお）

2020年　1月20日　初版1刷発行

発行者 — 田邉浩司

組　版 — 堀内印刷

印刷所 — 堀内印刷

製本所 — ナショナル製本

発行所 — 株式会社 光文社

東京都文京区音羽1-16-6 〒112-8011

電　話 — 編集部(03)5395-8282

書籍販売部(03)5395-8116

業務部(03)5395-8125

メール — chie@kobunsha.com

落丁本・乱丁本は業務部でお取替えいたします。

ISBN978-4-334-78782-0　Printed in Japan